LES LUMIÈRES DU THÉÂTRE

87, quai Panhard-et-Levassor – 75647 Paris Cedex 13
ISBN : 978-2-0812-8622-1

ANNE-MARIE DESPLAT-DUC

LES LUMIÈRES DU THÉÂTRE

Corneille, Racine, Molière et les autres

Flammarion Jeunesse

Note de l'auteur

« La Corneille perchée sur la racine de la bruyère boit l'eau de la fontaine Molière »

Qui n'a pas appris cette phrase permettant de retenir le nom des principaux écrivains du XVIIe siècle : Corneille, Racine, La Bruyère, Boileau, La Fontaine et Molière ?

Mais il y a tous les autres... ceux qui ont été célèbres sous Louis XIV, qui ont fait de l'ombre parfois à nos héros et dont on a oublié le nom : Furetière, Chapelain, Chapelle, Donneau de Visé, Benserade, Scarron, Pradon...

Ils ont donc tous vécu à la même époque.

Mais quelles étaient leurs relations ? Se connaissaient-ils ? Étaient-ils amis ou ennemis ? Allaient-ils au théâtre voir les pièces de leurs concurrents ? S'invitaient-ils parfois chez les uns ou les autres pour partager un repas ? Avaient-ils des amis communs ? ou même des maîtresses communes ? Que pensaient-ils des œuvres des autres ?

Je voudrais donc vous convier à les regarder vivre ensemble durant un peu plus de vingt ans.

Cependant, je ne parlerai pas de La Bruyère, la première édition des *Caractères* est publiée en 1688, à la fin du siècle, trop tard pour l'histoire que j'ai décidé de vous conter.

Vous trouverez, à la fin de ce livre, une liste des auteurs qui ont pu se croiser au XVIIe siècle, quelques musiciens et peintres également.

Il m'a semblé intéressant de vous donner aussi le nom de quelques comédiens de cette époque.

Bonne lecture !

1

Corneille

Je ne me souviens plus exactement quand j'entendis parler pour la première fois du jeune Racine. Nous n'étions point de la même génération puisque j'avais trente-trois ans de plus que lui ; j'avais déjà écrit une grande partie de mon œuvre lorsqu'il poussa son premier vagissement.

Nous ne nous ressemblions point. Il fréquentait les salons littéraires parisiens où sa belle mine et ses talents d'orateur le faisaient apprécier des dames. Je préférais de loin vivre dans ma bonne ville de Rouen où j'avais vu le jour car j'étais timide et gauche, bafouillant dès que je devais parler en public. J'en souffrais en silence. J'écrivis même :

En matière d'amour je suis fort inégal,
J'en écris assez bien, et le fais assez mal[1],

1. Faire l'amour : parler d'amour en vue de mariage.

J'ai la plume féconde et la bouche stérile,
Bon galant au théâtre et fort mauvais en ville,
Et l'on peut rarement m'écouter sans ennui
Que quand je me produis par la bouche d'autrui.

En 1636, j'avais à peine trente ans et j'avais déjà écrit huit pièces qui avaient connu un certain succès.

J'avais eu aussi l'honneur avec quatre autres auteurs de participer à l'écriture de *La Comédie des Tuileries*, la pièce imaginée par Richelieu. Son éminence se targuait d'être un auteur de théâtre, mais par manque de temps, et peut-être aussi de talent, il payait, assez généreusement, cinq auteurs pour écrire à sa place. Sa passion du théâtre était si forte qu'il avait fait construire une superbe salle de spectacle à l'intérieur du Palais-Cardinal.

En janvier 1637, je donnais au théâtre la pièce qui assura ma renommée : *Le Cid*.

L'idée m'en était venue après la lecture de *L'Histoire générale d'Espagne* et de la pièce *Les Enfances du Cid* publiée en 1618 par Guillén de Castro. C'était une véritable ode à la jeunesse.

Cela plut au-delà de mes espérances. On se bousculait au théâtre du Marais pour assister à la pièce. Tous les coins de la salle furent utilisés. Pour combler la vanité de quelques petits marquis, on loua pour six livres des fauteuils disposés sur la scène. Cette coutume perdure encore de nos jours, permettant à des personnes fortunées d'être vues autant que les acteurs.

Las, les jaloux répandirent leur venin : Scudéry[1] et Scarron[2] ne furent pas en reste. Le fait que Chimène épousât le meurtrier de son père avait heurté les esprits. Certains allèrent même jusqu'à prétendre qu'elle n'était qu'une putain. L'Académie, prétextant que toutes les vérités ne sont pas bonnes pour le théâtre, me réclama d'abandonner la vérité historique afin de respecter la bienséance. On me reprocha même de pactiser avec l'ennemi espagnol ! Ce à quoi, je répondis :

« Ceux qui ne voudront pas me pardonner cette intelligence avec nos ennemis approuveront au moins que je pille chez eux ! »

J'ai ouï-dire que Richelieu dont les deux dernières pièces avaient rencontré un succès mitigé eut un grand dépit de mon triomphe. Il participa sans doute en sous-main à la querelle du *Cid*.

Je m'épuisais pendant de longs mois à me débattre contre les critiques, à me justifier, à expliquer mon œuvre. Je consentis même à supprimer les quatre vers qui, pour certains, faisaient l'apologie du duel interdit

1. Georges de Scudéry (1601-1667), auteur de 17 pièces. Il a 5 ans de plus que Corneille et 21 ans de moins que Molière.

2. Paul Scarron (1610-1660), écrivain. Il a 4 ans de moins que Corneille et 12 ans de moins que Molière.

Le coche : lourde voiture de poste tirée à quatre ou à six chevaux et destinée au transport des voyageurs - cocher "manquer le coche"

depuis plus de dix ans par un édit de Louis XIII. J'effectuais de constants déplacements entre Rouen et Paris par le coche. Deux jours de voyage pendant lesquels, n'écrivant point, j'avais la sensation de perdre un temps précieux.

C'est à cette époque que les lettres de noblesse furent accordées à ma famille. Je pus ainsi porter le titre d'écuyer et jouir de tous honneurs, privilèges et prérogatives attachés à la noblesse.

Ce me fut une consolation qui ne fit point taire les méchants. Au contraire, ils trouvèrent de nouveaux motifs pour me railler.

Ils firent cependant une pause afin de célébrer par leurs odes la naissance du dauphin qui avait eu lieu le 5 septembre 1638. L'heure était à la joie et à la fête. Les cloches des églises sonnèrent à toute volée. J'aurais sans doute dû, moi aussi, afin de bien faire ma cour et de recevoir une gratification, écrire quelques vers, mais je n'étais point habile lorsqu'il s'agissait de flatter.

Je préférai le théâtre. J'avais, à ce moment-là sur ma table, deux nouvelles pièces auxquelles je travaillais. Je puisais la plupart de mes sujets dans l'histoire romaine car elle était familière aux gens de qualité, même si je prenais la liberté de l'embellir pour les besoins du théâtre.

Horace fut joué en mai 1640 et *Cinna* à la fin de 1642.

Le 23 juin 1640, j'épousai Marie de Lampérière. Un mariage, arrangé par nos familles, qui me donnait toute satisfaction.

Mon père était mort en 1639, je devais donc assurer la subsistance de ma sœur Marthe âgée de seize ans et de mon frère Thomas qui en avait quatorze sans négliger cependant mon ménage qui, je l'espérai, s'agrandirait de plusieurs enfants.

Bien que dix-neuf ans me séparassent de Thomas, nous nous entendions à merveille. Il versifiait en cachette, sans toutefois oser me montrer ses poésies. Je l'impressionnais probablement. Cependant, j'avais lu quelques essais qu'il avait laissé traîner sur une table et c'était, ma foi, d'assez bonne facture.

— Thomas, il faut continuer à écrire, tu as du talent !

— Oh, tu... tu as lu ? Ce ne sont que des essais et, comparés à ton théâtre, ils sont assez mauvais.

— Je ne suis pas de cet avis. Et je gage que d'ici quelques années, on parlera de Thomas Corneille autant que de Pierre !

Il me sauta dans les bras et nous nous étreignîmes.

Poète n'était pas à proprement parler un métier et pourtant il fallait, comme tout un chacun, se loger, se vêtir et manger. On nous considérait à tort comme de beaux esprits dont le temps employé à l'écriture ne comptait pas. Or, nous n'étions ni plus ni moins que des artisans de l'écriture et il me paraissait normal de recevoir une rémunération pour notre travail. Au lieu de cela, nous dépendions des pensions et gratifications des personnes à qui nous dédicacions nos œuvres, des recettes des représentations théâtrales que les comédiens voulaient bien nous céder tant que la pièce était inédite, et de la vente de la pièce en librairie lorsque celle-ci était éditée. Car lorsque la pièce était publiée, les comédiens qui la jouaient ne devaient plus rien à l'auteur. De nombreuses troupes s'emparaient alors de nos œuvres sans qu'il leur en coûtât un sol. De même, certains libraires peu scrupuleux imprimaient frauduleusement la pièce à leur seul profit.

Il me vint alors une idée.

Je conçus un projet de lettres patentes me donnant toute la propriété de mes œuvres, arguant que j'avais consacré beaucoup de temps et d'énergie à composer plusieurs pièces tragiques et que mon travail avait besoin d'être protégé. Je prévoyais une amende de dix mille livres pour dommages et intérêts en cas de non-respect de cette règle sur le droit des auteurs.[1]

— Bientôt, nous pourrons vivre décemment de notre travail sans être obligé de mendier des pensions ! s'enthousiasma Thomas à qui j'avais exposé mon idée.

1. Ce n'est qu'en 1791 que le droit d'auteur est reconnu grâce à l'insistance de Beaumarchais.

Las, le projet, présenté au Conseil privé du roi, ne fut pas accepté.

J'en fus cruellement dépité, mais à l'avenir, pour chacune de mes pièces, je me fis délivrer en ce qui concernait l'édition un privilège d'une durée de vingt ans qui me permit de contrôler les ventes de mes pièces chez le libraire que j'avais choisi. C'était un bon début.

Le 17 janvier 1643, Richelieu rendit son âme à Dieu. La France se réjouit de la perte de celui qu'elle accusait de tous ses maux, mais moi, je perdais celui qui m'avait payé pour écrire des pièces qu'il signait de son nom. Quatre mois plus tard, c'est Louis XIII qui disparut. Louis le quatorzième n'avait que cinq ans. La reine mère assura la régence. Il me parut que les années que nous allions vivre seraient mouvementées car le pouvoir attire bien des convoitises et les princes du sang ne manqueraient pas de vouloir le prendre[1].

Habilement, je décidais de dédier ma nouvelle pièce à la reine régente. Je choisis de m'essayer à un genre qui revenait dans le goût du public, la tragédie sainte, que plusieurs poètes avaient exploité avec plus ou moins de réussite. C'est ainsi qu'en puisant

1. Lire *L'Enfance du soleil.*

l'inspiration dans un épisode de l'histoire de la chrétienté, j'écrivis *Polyeucte.*

Bien qu'ayant une fort mauvaise diction, j'acceptais d'en faire la lecture à l'hôtel de Rambouillet, le salon de Catherine de Vivonne dans lequel tous les grands esprits se rencontraient. Je n'y étais point à l'aise. Et je vis tout de suite que la pièce ne séduisait point, ce qui me mit dans un état de détresse que je cachais le mieux possible. Certains me reprochèrent le zèle de *Polyeucte* à renverser délibérément les idoles. C'était contraire aux règles du savoir-vivre. D'autres prétendirent que le songe de Pauline n'était aucunement d'origine divine...

Je m'alarmais. Je courus au Marais où les comédiens commençaient à la répéter :

— Arrêtez ! criai-je. *Polyeucte* ne se jouera pas ! Tout Paris complote contre cette pièce.

— Allons, monsieur, vous n'allez pas vous laisser intimider par quelques mauvais esprits jaloux ?

— Ils ont déjà médit de votre *Cid* qui est un chef-d'œuvre !

— Les dévots sont contre vous parce que *Le Cid* n'est point moral et ils sont aussi contre vous lorsque vous défendez la chrétienté ! Ces gens-là sont contre le théâtre... tous les théâtres !

Les comédiens surent trouver les mots pour me réconforter.

Polyeucte fut donc joué au théâtre du Marais[1] et rencontra dans le public le succès que les gens de qualité lui avaient refusé.

Je continuais à écrire avec régularité une pièce par an. Après *Polyeucte*, j'écrivis *Le Menteur, La Mort de Pompée, Rodogune, La Suite du Menteur, Théodore, Héraclius, Andromède, Don Sanche d'Aragon, Nicomède* et, en 1651, *Pertharite* qui fut un échec cuisant puisque les comédiens arrêtèrent de le jouer après seulement deux représentations.

L'année précédente, mon frère Thomas avait épousé Marguerite de Lampérière, la sœur de ma femme. Cette union renforça des liens qui, entre nous, étaient pourtant déjà puissants. Nous logions dans des maisons contiguës rue de la Pie à Rouen, car il nous était impossible de vivre loin l'un de l'autre. Thomas marchait sur mes traces. Il avait écrit sa première comédie à vingt-deux ans et produisait, lui aussi, une pièce par an, parfois deux.

Souvent, lorsque je cherchais une rime, c'était lui qui me la donnait. Il avait l'esprit plus vif que le mien et travaillait plus rapidement que moi.

1. Situé rue Vieille-du-Temple, ce théâtre est en concurrence avec celui de l'Hôtel de Bourgogne, où se produit la troupe des Comédiens du Roi.

Il est sans doute vrai que je fis de l'ombre à Thomas. Y avait-il la place au théâtre pour deux Corneille ?

En 1651, il prouva son talent en donnant brillamment *Timocrate,* une tragédie tirée du roman *Cléopâtre.* Le thème et l'écriture plurent. Ce fut un triomphe. Nous le célébrâmes ensemble dans la joie car tout ce qui faisait son bonheur me comblait. Le roi se déplaça tout exprès au Marais pour entendre la pièce. Les critiques, le public, les gens de qualité assuraient que la pièce était supérieure à mon *Cid.* Je n'en ressentis aucune jalousie. Au contraire, le succès de Thomas me rendait plus heureux et plus fier qu'il ne l'était lui-même. Alors que sa pièce fut jouée quatre-vingts fois d'affilée, il me dit un soir :

— Les acclamations n'ont rien de durable. La nouveauté du thème a séduit, mais ce que l'on croit être beau aujourd'hui ne le sera sans doute plus demain. C'est à l'usure du temps que l'on mesure la qualité d'une œuvre et je gage que dans quelques années, on ne se souviendra plus de *Timocrate* alors que *Le Cid* est immortel.

— Voyons, Thomas ! l'encourageai-je, ouvre les yeux ! Cesse donc de te dévaloriser. Aujourd'hui, c'est toi le grand Corneille et je ne suis plus que le frère de Thomas !

Il sourit, et une fois de plus nous tombâmes dans les bras l'un de l'autre.

2

Molière, La Fontaine, Boileau, Chapelle, Mignard
Un soir de l'année 1659

La servante du cabaret Le Mouton Blanc passe de table en table pour servir des chopes de vin et des assiettes d'un ragoût lourd et gras dont les clients semblent se régaler. Elle approche d'une table située dans le fond de la salle où cinq gentilshommes ont pris place.

— Lisette, une chope pour mes amis et moi ! réclame l'un d'entre eux.

— Tout de suite, Monsieur de La Fontaine[1] !

— Allez, Molière, quitte donc cet esprit chagrin ! Le *Nicomède* de Corneille que ta troupe vient de jouer n'a point réussi, mais tout le parterre a ri de ta farce *Le Dépit amoureux* !

— Une farce ! Sans le vouloir, tu as prononcé le mot qui me blesse mon cher Boileau[2]. Ne suis-je donc

1. Jean de La Fontaine (1621-1695), poète. Il a un an de plus que Molière.
2. Nicolas Boileau (1636-1711), poète. Il a 14 ans de moins que Molière.

bon qu'en étant ridicule ! Ma troupe pourra-t-elle un jour rivaliser avec celle du Marais et avec les Grands Comédiens[1] de l'Hôtel de Bourgogne ?

— Écoute, mon ami, si Monsieur[2] vous a pris sous sa protection et vous a donné son nom, c'est qu'il vous a en considération ! Les Grands Comédiens ne savent que nous faire pleurer quand toi tu nous fais rire !

— Certes... mais il est plus distingué de pleurer que de rire... Et tu sais, comme moi, Mignard[3] que les gens de qualité aiment à s'émouvoir. Regarde Corneille ! ce ne sont pas tant ses comédies que ses tragédies qui lui ont valu la gloire.

— Je te l'accorde. Il n'y a rien de comparable au *Cid,* à *Horace* et à *Cinna...* mais *Le Cid* a plus de vingt ans et il faut bien reconnaître que le grand Corneille ne produit plus rien de bon.

— D'ailleurs, *Nicomède* et *Pertharite* sont des échecs ! insiste Boileau. J'ai ouï-dire qu'il n'écrirait plus de théâtre pour se consacrer à la traduction en français de *L'Imitation de Jésus-Christ.*

— Il paraît que ce texte comporte plus de dix-huit mille vers et des plus ennuyeux ! plaisante Chapelle[4],

1. Grands Comédiens étaient le nom que l'on donnait aux comédiens de l'Hôtel de Bourgogne car ils étaient les comédiens du roi.

2. Philippe d'Orléans, frère unique de Louis XIV.

3. Pierre Mignard (1612-1695), peintre. Il a 10 ans de plus que Molière.

4. Claude-Emmanuel Lhuillier dit Chapelle (1626-1686), poète. Il a 4 ans de moins que Molière.

c'est le moment, mon ami, d'occuper la scène avec des comédies.

Molière soupire.

— Mes comédiennes, Mlles Du Parc, de Brie et Béjart m'assurent qu'on ne peut atteindre la consécration que dans les tragédies !

— Le roi lui-même n'a-t-il pas applaudi *Le Docteur amoureux* alors qu'il avait bâillé devant *Nicomède* ? appuie Boileau.

— Si fait, lâche Molière du bout des lèvres.

— Alors, buvons à Corneille qui s'est retiré du théâtre ! lance La Fontaine en levant sa chope.

— Du théâtre, peut-être, mais point des comédiennes ! s'esclaffe Mignard.

— Il est vrai que lorsque notre troupe a fait une halte de quelques mois à Rouen pour présenter nos pièces, lui et son frère Thomas ont fait la cour à Marquise[1], explique Molière.

— J'ai ouï-dire qu'à cinquante-deux ans, Corneille lui avait écrit ses plus beaux vers... Je me souviens du début d'un sonnet qui disait :

Marquise, si mon visage
À quelques traits un peu vieux,

1. Marquise-Thérèse de Gorla (1633-1668), épouse de René Berthelot dit Du Parc, prend le nom de Mlle Du Parc.

Souvenez-vous qu'à mon âge
Vous ne vaudrez guère mieux...

— Il paraît que Thomas en écrivait aussi de son côté. Les deux frères étaient rivaux. Je me demande bien lequel des deux Marquise a choisi : le grand Corneille malgré son âge, ou le jeune moins célèbre ? interroge Chapelle la mine gourmande.

— Tous deux se sont cassé les dents, leur apprend Molière. Quoique belle et désirable, Marquise Du Parc est fidèle à son mari.

— Ce gros René qui a presque vingt ans de plus qu'elle, qui fait rire la foule par son embonpoint et ses mimiques serait-il un bon époux ?

— Assurément.

Un silence gêné s'installe.

On murmure que Molière est l'amant de Marquise, mais ce ne sont peut-être que des rumeurs. Il est en ménage avec sa meilleure comédienne : Madeleine Béjart dont le teint de lait et la chevelure rousse l'ont séduit il y a déjà fort longtemps.

Ses amis savent qu'elle a toujours été là dans les moments difficiles pour l'aider et le soutenir même si Molière n'est pas un modèle de fidélité.

Lisette pose de nouvelles chopes sur la table. La Fontaine la retient par la main et veut lui voler un baiser. Mignard en profite pour changer de sujet de conversation :

— Alors Jean-Baptiste, quand poseras-tu enfin pour moi ?

— Je n'ai guère le temps. Nous jouons trois après-dînées par semaine au Petit-Bourbon en alternance avec les Comédiens italiens et nous faisons de nombreuses visites[1] dans les châteaux. J'écris aussi une nouvelle pièce. J'ai une troupe de douze comédiens à faire vivre et la concurrence est rude. Le public a le choix entre les comédiens de l'Hôtel de Bourgogne, ceux du Marais, les Comédiens italiens et nous qui ne sommes que des inconnus !

— Tant pis pour toi ! Je ne manque pas d'ouvrage moi non plus ! Les plus belles femmes du royaume souhaitent que mon pinceau les immortalise !

— On m'a dit que la reine mère t'avait passé commande ?

— Oui. Pour le dôme du Val de Grâce.

Le carillon d'une église sonne les douze coups de minuit. D'autres cloches lui font écho. Le cabaret est déjà pratiquement vide. Il ne fait pas bon être dans les rues si tard.

— Mes amis, il est temps de regagner nos logis ! s'exclame Nicolas Boileau.

1. Représentation à domicile.

— La semaine prochaine, je vous présenterai un mien cousin qui a juste vingt ans, annonce La Fontaine en se levant. Il se nomme Jean Racine. Il a été élève de Port-Royal où il a acquis le goût des belles-lettres...

— Ho, là, ce doit être un bien triste sire ! coupe Molière.

— Non point. Il aspire au contraire à dévorer la vie. Je l'ai déjà accompagné plusieurs fois dans le salon de Madeleine de Scudéry[1] dans lequel il a rencontré Mme de Sévigné, Mme de La Fayette[2], Mme Scarron[3]. Il vient d'écrire un sonnet pour célébrer la paix des Pyrénées. Il espère que le roi le remarquera et lui attribuera une gratification, car mon jeune cousin n'a point de revenu et cherche un moyen de subsistance.

— Las, il faut qu'il sache que se nourrir de sa plume est bien difficile ! ajoute Molière.

— Il le sait et il cherche un établissement... mais il est orphelin et n'a pas d'argent pour acheter une quelconque charge.

— Nous l'accueillerons avec plaisir. Tiens, je l'invite même au théâtre du Marais où l'on donne

1. Mme de Scudéry (1607-1701), auteur des romans *Le Grand Cyrus*, *Clélie* et inventeur de la carte du Tendre.

2. Marie-Madeleine Pioche de La Vergne, comtesse de La Fayette (1634-1693), auteur de *La Princesse de Clèves*.

3. Épouse du poète Scarron qui décède en 1660. Future Mme de Maintenon.

prochainement un spectacle à machine de Pierre Corneille *La Conquête de la Toison d'or,* dit Chapelle.

— Nous irons tous, ainsi nous pourrons juger si Corneille est si moribond qu'on le prétend ! dit Molière.

Mignard sort sa montre gousset de sa poche et grogne :

— Séparons-nous, mes amis, car si nous reprenons la conversation sur les mérites de Corneille, nous y serons encore au lever du jour !

3

JEAN DE LA FONTAINE

L'année de ses vingt-six ans, son père l'avait obligé à se marier avec l'épouse qu'il lui avait choisi : Marie Héricart, âgée de quatorze ans. Il faut dire que Jean contait fleurette à l'épouse du lieutenant général de Château-Thierry dont il avait amoureusement baisé le pied nu qui dépassait de sa couche. À Paris, les salons en faisaient des gorges chaudes ! Il était temps qu'il se range !

Son ami Maucroix, un aussi joyeux luron que lui, venait d'être nommé chanoine à la cathédrale de Reims, non qu'il ait la vocation religieuse, mais c'était l'établissement qu'il avait jugé le moins ennuyeux. Tous deux perdaient simultanément leur chère liberté !

La Fontaine ne tarda point à la reprendre. Il eut bien un fils en 1653, mais il ne s'en occupa guère.

Il acquit la charge de maître des Eaux et Forêts qui lui rapportait un modeste revenu et lui permettait de s'éloigner le plus souvent possible de sa demeure tout en se promenant dans la nature qu'il affectionnait.

Son épouse, espérant le retenir auprès d'elle, décida d'aiguiser sa jalousie. Elle choisit pour amant un ami de la famille. Mais comme La Fontaine n'était plus amoureux, il ferma les yeux. Après tout, puisque lui-même prenait du plaisir en dehors du logis (il venait de courtiser une fort jolie abbesse), il trouvait normal que son épouse agisse de même... et, de plus, c'était avec ce bon capitaine Poignant !

Mais la rumeur s'empara de l'affaire. On le traita de lâche ! On lui laissa accroire que bientôt tous ses amis lui tourneraient le dos. Il devait laver l'affront par un duel.

— Un duel ? Mais je déteste les armes... et je n'ai jamais tenu une épée !

Il finit par accepter. Le duel eut lieu. Le capitaine Poignant lui arracha son épée au premier assaut. Il était donc cocu et battu... Il s'en moquait. Il saisit son ami par le bras et ils entrèrent ensemble dans une auberge.

— Laissons clabauder[1] les médisants et continuez à venir chaque jour chez moi ! lui dit La Fontaine.

Ainsi allait le couple...

1. Clabauder : cancaner, bavarder.

Mais ce dont rêvait La Fontaine, c'était de se faire connaître à Paris. Il fut invité dans la capitale par son oncle Jannart et y rencontra Fouquet, cet ami des arts et des artistes qui distribuait fort largement des pensions lorsqu'on savait lui plaire. La Fontaine lui offrit un long poème de six cents vers : *Adonis,* adroitement calligraphié et enluminé d'une guirlande de feuillages où s'ébattaient des écureuils : l'emblème de Fouquet.

Fouquet ouvrit les portes de sa somptueuse demeure de Saint-Mandé à La Fontaine. Ce dernier était émerveillé de côtoyer Molière, Mme de Sévigné, Mme de La Fayette, Mme de Scudéry et son époux qui se voulait l'égal de Corneille, des poètes, des artistes comme Le Brun, Le Vau, Le Nôtre et aussi des noms prestigieux comme les d'Albret, les Bouillon, les Lauzun, le duc de Créqui et beaucoup d'autres. Il assista aux nombreuses fêtes que le surintendant donnait à Saint-Mandé ou dans sa toute nouvelle demeure de Vaux qu'il n'en finissait pas d'embellir.

La Fontaine comprit qu'il venait de trouver un mécène à condition de s'employer à bien flatter le surintendant dans ses vers.

À la fin de l'année 1659, il écrivit une petite farce que ses amis s'amusèrent à jouer à Château-Thierry. Le théâtre l'attirait. C'était par lui que l'on pouvait espérer une pension du roi et la gloire... comme Corneille...

Mais écrire une pièce était un travail titanesque... Et La Fontaine était un peu paresseux.

Il partageait sa vie entre sa province où il exerçait sa charge de maître des Eaux et Forêts et Paris où il espérait faire reconnaître ses qualités de poète et obtenir une pension. Mais il passait plus de temps à dormir, à rêver, à boire, à jouer dans les cabarets et à lutiner les servantes qu'à écrire.

4

Corneille et Marquise

En mai 1658, la troupe de Molière fit une halte à Rouen pour y tester ses comédies avant de se produire à Paris.

On disait beaucoup de bien d'un comédien, nommé Du Parc, qui jouait à merveille les comiques bedonnants. Molière avait écrit plusieurs pièces spécialement pour lui. Son épouse, Marquise Du Parc, était également comédienne.

Je me rendis donc avec Thomas, sur les deux heures de relevée[1], au jeu de paume des Braques, rue du Vieux-Palais, pour assister à la représentation d'une pièce de Gabriel Gilbert : *Les Amours de Diane et d'Endymion.*

Toute vêtue de sombre, Marquise y interprétait la nuit. Elle illuminait pourtant la scène de sa présence. Je

1. Depuis une ordonnance de police de 1609, les spectacles doivent se terminer avant la nuit afin d'éviter aux spectateurs des retours nocturnes risqués. Seul le roi a le privilège d'assister aux spectacles après le souper.

ne vis, je n'entendis qu'elle. Je m'aperçus que Thomas était dans le même état que moi.

Tandis que la salle applaudissait, je composais un petit madrigal que je lui fis porter.

Je crois que Thomas en composa un peu de temps après.

Je cachais toutefois l'attrait qu'elle exerçait sur moi en me disant que sa voix mélodieuse ferait merveille lorsqu'elle déclamerait mes vers et que son corps et son maintien parfait mettraient en valeur toutes les scènes dramatiques que j'écrirai pour elle. Marquise était née pour le théâtre.

En fait, elle avait enflammé mes sens et mon esprit et, alors que je terminais la traduction d'un texte saint, je supportais mal que ma vieille carcasse de cinquante-deux ans vibre encore de désir.

Je transformai cette attirance en sonnets, épigrammes, madrigaux pour chanter, à mots couverts, l'amour qui me brûlait et son indifférence. Son indifférence ?

— Le désir, monsieur, je l'inspire à tous les autres, me confia-t-elle. De vous, je voudrais votre estime car c'est un sentiment dont les hommes habituels sont avares.

Je la lui accordai. Elle se flatta sans doute d'avoir mon amitié et se joua de moi comme une coquette, refusant de me recevoir un jour pour me prier le lendemain de l'aller voir.

De son côté, mon frère écrivait à la belle :

Je ne demande pas qu'à mes vœux, favorable
Vous vous montriez amante en vous montrant aimable,
Et que par un transport qui n'examine rien,
Le don de votre cœur suive l'offre du mien.

Lui aussi aimait. Lui aussi souffrait. Et lui aussi traduisait en vers ce mal qui nous rongeait. Nous ne devînmes pourtant point des frères ennemis. Nos liens étaient trop puissants pour qu'une belle nous sépare. Nous l'aimâmes ensemble et ni lui, ni moi, n'en obtînmes rien en retour. C'est sans doute ce qui nous sauva.

Mon épouse qui m'avait donné sept enfants et qui gouvernait ma maison comme il se doit eut la sagesse de ne point me tenir rigueur de mes égarements. Elle avait sans doute compris que cette souffrance amoureuse nourrirait mon œuvre beaucoup mieux que les rôts qu'elle me cuisait.

En septembre, la troupe quitta Rouen.

J'écrivis à la belle quelques vers d'adieux :

Allez, belle Marquise, allez en d'autres lieux
Semer les doux périls qui naissent de vos yeux.
Vous trouverez partout les âmes toutes prêtes
À recevoir vos lois et grossir vos conquêtes.

Ce départ me laissa veuf. Il me parut que, sauf pour écrire des vers afin de célébrer Marquise, je ne savais plus rien faire de bon. Je m'apprêtais à me retirer dans une sombre retraite.

5

Racine et ses nouveaux amis

Au début de l'année 1661, La Fontaine et Jean Racine retrouvent leurs compères au théâtre du Marais où l'on donne un spectacle à machines de Pierre Corneille dont les critiques font l'éloge : *La Conquête de la Toison d'Or.*

Un an auparavant, M. Fouquet avait tiré Corneille de la torpeur où il avait sombré et, l'inscrivant sur la liste des artistes qu'il protégeait, il lui avait commandé une tragédie sur le thème d'*Œdipe.* La pièce, jouée à l'Hôtel de Bourgogne le 25 janvier 1659, avait obtenu un franc succès. Corneille avait habilement évacué les horreurs sanguinaires des pièces précédentes qui avaient tant déplu aux dames pour ajouter l'heureux épisode des amours de Thésée et de Dircé. Cependant, certains esprits chagrins lui reprochèrent de tomber dans la préciosité.

La préciosité, c'est justement ce que vient de railler Molière avec sa pièce *Les Précieuses.* Les gens du peuple se sont vengés des bourgeois et des nobles en riant à gorge déployée. Les gens de qualité ont grimacé, mais ont fait comme s'ils ne se reconnaissaient pas dans les personnages.

La Fontaine, Molière, Boileau, Perrault[1] et Racine s'installent sur le banc formidable[2], bien décidés à dire haut et fort ce qu'ils pensent de la pièce.

— C'est le sieur Denis Buflequin, ingénieur du roi, qui a fabriqué les machines, nous apprend Perrault.

— Et le marquis de Sourdéac chez qui la pièce a été donnée pour la première fois dans son château de Neubourg en a conçu les décors, ajoute Boileau.

— Sourdéac est un fastueux mécène féru de théâtre. Sans son appui, Corneille n'aurait jamais pu faire jouer cette pièce. Et quand je pense qu'il reçoit déjà mille livres de pension du surintendant Fouquet ! se plaint Racine.

— Fouquet est un ami des arts. Dans son château de Vaux, il a employé les architectes, sculpteurs, peintres, jardiniers les plus renommés et il est le protecteur de nombreux écrivains. J'ai l'honneur d'être parmi eux, dit La Fontaine. Il m'a commandé un long poème pour décrire son château et ses jardins. Tout

1. Charles Perrault (1628-1703), il a 11 ans de plus que Racine. Il est contrôleur général des bâtiments du roi. Il écrit son premier grand poème en 1687 : *Le Siècle de Louis le Grand.*

2. Formidable : redoutable. Appelé ainsi car les auteurs concurrents s'y regroupaient pour délivrer leur sentence.

y est si éclatant de beauté que j'y prends grand plaisir. J'en ai déjà le titre : *Le Songe de Vaux.*

— Fouquet m'a annoncé que cet été, il donnerait une fête pour honorer le roi avec théâtre, musique, feu d'artifice... Je gage qu'il demandera une pièce au grand Corneille, soupire Molière.

— Ou à vous, mon ami ! Ne vous a-t-il pas, depuis un an déjà, donné des preuves de son intérêt pour votre théâtre ?

— Il est vrai... mais je ne suis pas encore pensionné.

— Un mécène, c'est ce que je cherche aussi ! soupire Racine, hélas personne ne veut miser de l'argent sur moi. Mon oncle Sconin me propose un établissement ecclésiastique du côté d'Uzès et je vais devoir m'y résoudre.

— Ah, mon ami ! plaisante La Fontaine, vous n'êtes point taillé pour devenir moine !

La Fontaine sait de quoi il parle. Il a été novice au couvent de l'Oratoire, mais a rapidement renoncé à entrer dans les ordres.

— Certes ! Aussi, je me contenterai de recevoir les bénéfices d'une quelconque abbaye afin de couvrir mes dettes et pouvoir enfin écrire sans me soucier de savoir comment payer mon loyer et...

— Silence ! coupe Boileau, ça commence !

Les cinq amis échangent un regard complice. Ils se tiennent prêts à siffler, à huer les comédiens et, à travers eux, l'ouvrage de Corneille qui depuis tant d'années occupe les théâtres.

Racine est particulièrement attentif. Sa première pièce, *Amasie,* vient d'être refusée par les comédiens du théâtre du Marais. Son orgueil de jeune auteur fougueux en est cruellement blessé. Il a accusé les comédiens de préférer interpréter le galimatias d'un auteur vieillissant aux vers d'un jeune auteur talentueux mais inconnu !

Il est persuadé que si le succès quitte Corneille, une place se libérera qu'il tâchera de prendre... Il espère que ce moment est venu...

Mais les scènes sont sublimes, les comédiens excellents, les machines surprenantes, la musique délicieuse, les décors somptueux. Des personnages circulent dans les airs, traversent le théâtre de part en part et les spectateurs n'ont pas assez d'yeux pour tout voir et pas assez d'oreilles pour ouïr la musique et les vers qui sont fort beaux.

Après le théâtre, les cinq compères entrent à l'auberge de la Croix-de-Fer pour terminer la soirée et se vengent de la beauté du spectacle en égratignant avec plaisir cette *Toison d'Or.*

— L'opéra n'est point à proprement parler du théâtre, avance Racine, et sans la musique et les machines qui ne sont pas de Corneille, la pièce serait assez plate.

— Je te l'accorde, lance Boileau en lui tapant sur l'épaule.

— Mais tout ce tapage plaira ! prédit Molière.

— Le spectacle a plu au roi, assure La Fontaine, il s'est reconnu dans Jason.

— Sans doute, mais comme tu le dis toi-même, c'est un spectacle dont l'attrait est dû à tout... sauf aux vers écrits par Corneille, se bute Racine.

— Je vous convie tous à venir dans quinze jours au Palais-Royal assister à la première de ma nouvelle pièce *Don Garcie de Navarre*[1], dit Molière.

— Une comédie ?

— Non point. C'est un rôle pour Madeleine qui donne toute sa force à cette tragédie. Je lui devais ce rôle, ajoute Molière d'une voix sourde.

Depuis quelque temps déjà, Molière délaisse Madeleine pour sa jeune sœur Armande tout juste âgée de dix-neuf ans. Il lutte contre ce sentiment amoureux qui l'envahit et le rajeunit sans parvenir à l'effacer.

— Je vais tâcher de lui donner la réplique correctement en limitant mon débit de parole et en essayant de cacher le hoquet qui perturbe mes tirades.

— Il est certain mon ami que ce qui fait ta force dans les situations comiques nuit à l'interprétation de la tragédie.

1. La pièce est un échec.

— Je le sais bien, soupire Molière, mais si je ne suis pas sur une scène, je meurs. J'ai autant besoin du public que de ma plume pour exister. Alors offrir les rôles que j'écris pour moi à un autre est impensable !

Ils discutent toute la nuit en buvant de nombreuses chopes de vin.

6

Molière, Lully, La Fontaine
Le songe de Vaux

Le mariage du roi avec l'infante d'Espagne et l'entrée solennelle de Leurs Majestés dans Paris en août 1660 avaient été célébrés par force odes, sonnets, madrigaux de tous les poètes vivant sur le territoire. C'était l'occasion de briller et d'obtenir une gratification.

La Fontaine écrivit une *Ballade à la reine,* Racine *La Nymphe de la Seine,* Corneille produisit aussi quelques vers.

Molière abandonna la tragédie qui ne lui avait point réussi et écrivit *L'École des maris.* La comédie, donnée en juin 1661, connut immédiatement un énorme succès qui le consola de l'échec de *Don Garcie.* La troupe de Molière la joua tout l'été et fit de nombreuses visites. Le surintendant Fouquet la voulut au château de Vaux et le roi à Fontainebleau.

— Ah, Molière, personne ne sait décrire les travers de nos semblables comme vous, le félicita Fouquet.

Il faut m'écrire une comédie nouvelle pour la grande fête que je fais donner à Vaux le 17 août pour honorer le roi.

— Le 17 ? cela me laisse bien peu de temps...

— Certes, mais je sais que vous réussirez...

Molière se met au travail et, en quinze jours, il écrit *Les Fâcheux* que les comédiens apprennent tout aussi rapidement.

— Je dois étonner... surprendre le roi pour lui plaire. Il faut que cette pièce ne ressemble en rien à tout ce qui a été produit jusqu'à présent. Et si j'y ajoutais de la musique... et même de la danse... Sa Majesté apprécie plus que tout cet art ! Ça y est ! Je tiens la bonne idée ! Ce sera imprévu et nouveau... nous pourrions appeler cela une... une comédie-ballet !

Molière prend contact avec Beauchamp, maître à danser, qui règle la chorégraphie et avec Lully[1] qui compose la musique.

Sa Majesté s'est entichée de ce jeune Florentin qui joue du violon, du clavecin, de la guitare, qui chante, danse, fait de la pantomime tout en étant bon comédien, sans compter qu'il compose les airs les plus délicieux à la demande et fort rapidement. Il est toujours gai, spirituel, plein de vie et de santé. C'est un parfait

1. Giovanni Battista Lulli (1632-1687), dit Baptiste Lully, compositeur. Il a 10 ans de moins que Molière.

courtisan. Le roi lui a d'ailleurs confié depuis 1653 la direction de la « Bande des petits violons ».

Molière et Lully travaillent ensemble pour la première fois. C'est loin d'être la dernière !

Le 17 août, dans les jardins, cent vingt tables sont dressées, il y a trente buffets divers ! Vatel[1], un maître d'hôtel de trente ans, au service de Fouquet depuis huit ans, dévoile tous ses talents. Pour la circonstance, il crée la surprise en servant une crème fouettée et sucrée[2] dont le roi se régale. Sur les tables de la vaisselle d'or pour le roi et ses familiers, de la vaisselle d'argent pour la Cour.

Des milliers de candélabres éclairent le parc, des musiciens sont cachés dans les bosquets.

Fouquet s'angoisse. Il veut que ce divertissement, son divertissement, dépasse en luxe, en beauté, en surprise, tout ce que le roi a déjà vu :

— Pourvu que tout se passe bien ! murmure-t-il.

Apercevant La Fontaine qui n'est jamais loin de lui, tant ce dernier a d'admiration pour son mécène, il lui dit :

— N'oubliez pas, monsieur, de tout bien observer afin que l'ode que je vous ai commandée rende au mieux les beautés de la fête.

1. François Vatel (1631-1671).

2. Elle prendra quelques années plus tard le nom de « crème Chantilly ».

— Je n'aurai pas besoin de forcer le trait. Je sais déjà que le divertissement que vous offrez à Sa Majesté surpassera tout ce qui a été fait par le passé, lui répond La Fontaine pour apaiser le surintendant.

La Fontaine, pourtant, se laisse distraire de la stricte observation des festivités car, comme Corneille quelques années auparavant, il n'est pas insensible au charme de Marquise et il profite de l'occasion pour lui faire la cour.

Il se glisse dans les tentes dressées derrière la scène afin que les comédiens s'y changent à l'abri des regards. Il aime l'atmosphère des coulisses. Les comédiennes ne sont point farouches et on peut y apercevoir une cheville, une gorge ou une épaule dénudées...

— J'espère que les intermèdes de musique et de danse ne dérouteront pas la cour ? s'inquiète Marquise.

— Molière pense que cela plaira au roi, assure Gros-René, son époux.

— Un échec serait bien regrettable, se lamente la jeune femme.

— Mademoiselle, votre beauté et votre talent sauveraient n'importe quelle pièce, même la plus mauvaise, assure La Fontaine.

— Ah, monsieur, comme vous savez bien me réconforter, minaude Marquise en battant des paupières.

Molière qui est amoureux fou de sa jeune comédienne Armande Béjart ne s'offusque pas des nombreux soupirants de Marquise. Elle a vingt-six ans et elle enflamme tous les cœurs !

Le roi, la reine mère et la cour ont quitté Fontainebleau à trois heures de relevée pour arriver à Vaux vers les cinq heures. La reine n'est point venue. Elle est grosse et le voyage pouvait être périlleux pour l'enfant qu'elle porte. Mais il y a Monsieur et sa charmante épouse Henriette d'Angleterre et ses filles d'honneur aussi, dont une certaine Louise de La Vallière. On murmure que Fouquet s'en est entiché...

Les Fâcheux est donnée en plein air, dans les jardins, sur une scène splendidement illuminée.

Ce n'est pas une pièce bien construite mais plutôt une succession de saynètes légères qui parlent de jeunesse, d'amour, d'indépendance et d'amusement.

Le thème est simple : un marquis veut rejoindre sa belle et n'y parvient pas car des importuns l'en empêchent chaque fois. Il y a le fâcheux de comédie, le valet fâcheux qui retarde son maître, le fâcheux musicien dans lequel Molière fait un clin d'œil à Lully, le fâcheux duelliste, le fâcheux amateur de cartes, le fâcheux au placet... Le défilé se poursuit entrecoupé de danses qui permettent à Molière de se changer, car il interprète à lui seul les neuf rôles de fâcheux. Pour le comédien, c'est un véritable exploit !

Molière est tout aussi nerveux que Fouquet. Il espère que ce divertissement original plaira à Fouquet, toujours généreux avec les artistes qui le servent bien et au roi, puisque la fête est en son honneur.

Après avoir incarné une nymphe s'élevant au-dessus des eaux grâce aux machines de Torelli[1], Marquise interprète avec brio le rôle d'Orante. Elle fait même quelques pas de danse avec Sa Majesté qui paraît charmée par la jeune femme.

La pièce séduit la jeune cour et le roi félicite Molière, puis désignant M. de Soyecourt, chasseur enragé, il dit au comédien :

— Voilà un grand original que tu n'as pas encore copié !

— Je vais, sans tarder, l'ajouter à ma galerie de personnages, sire.

Après avoir failli mourir d'angoisse en craignant qu'un incident ne vienne troubler la fête, Fouquet est ravi et fier. Il a bien reçu son roi. Tout s'est déroulé au mieux. Le repas était savoureux et aucun laquais n'a renversé de sauce sur les invités, les machines ont parfaitement fonctionné faisant apparaître comédiens et comédiennes comme par magie. Marquise

1. Giacomo Torelli, peintre et scénographe italien (1608-1678).

et Madeleine Béjart à peine vêtues ont ébloui l'assistance. *Les Fâcheux* ont fait rire et le ballet pastoral qui a clos la pièce a enchanté Sa Majesté. Le temps était au beau, les jets d'eau ont jailli jusqu'aux cieux au bon moment, et le feu d'artifice a surpris tout le monde par ses nombreuses fusées multicolores.

Fouquet a atteint son but : produire un divertissement dont on parlera longtemps à la cour !

Vingt jours après la fête, le capitaine d'Artagnan arrête Fouquet sur les ordres du roi.

La Fontaine transforme l'ode dans laquelle il devait célébrer Vaux en un émouvant appel à la clémence du roi et lui donne le titre *Élégie aux Nymphes de Vaux.*

Las, le roi y reste insensible. Fouquet est emprisonné à vie à la prison de Pignerol[1] et ses biens sont confisqués.

La Fontaine en est si chagrin qu'il décide de partir pour Limoges.

1. Pignerol est situé dans la province de Turin en Italie (autrefois territoire français).

7

Racine

Racine n'est pas convié à Vaux. Pourquoi le serait-il ? S'il piaffe d'impatience en rêvant à sa gloire future, il n'a encore rien écrit.

À la fin de l'année 1661, invité par son oncle Sconin, il part pour Uzès dans le but d'obtenir des bénéfices ecclésiastiques qui lui permettraient enfin de se consacrer à l'écriture tout en payant ses dettes.

La perspective de s'éloigner de la vie parisienne et de ses amis lui coûte.

— Tu m'écriras et tu me conteras tout par le menu, lui dit son cousin Jean pour le consoler.

— Ce n'est l'affaire que de quelques mois, l'encourage Molière. Dès que tu auras obtenu ta charge, tu reviendras à Paris mais cette fois ta bourse sera bien garnie... et tu nous offriras un bon repas pour fêter ça !

— Vous pouvez compter sur moi !

Las, les mois s'écoulent, monotones. Racine passe ses journées à lire, à écrire des vers, à envoyer des lettres à ses amis restés à Paris :

Rien de nouveau au sujet de mon établissement malgré le dévouement sans faille de mon oncle. Toutes sortes d'intrigues se mêlent pour faire échouer ce projet. On m'apprend que pour recevoir le bénéfice que je convoite, il faut que je sois prêtre et même que je m'engage à devenir moine ! Je n'ai, comme vous vous en doutez, point la vocation et la perspective de perdre ma liberté alors que j'ai la tête fourmillante de projets me terrorise !

Enfin, M. Sconin obtint pour lui le titre de prieur de Sainte-Pétronille de l'Épinay ce qui lui donne un revenu de 300 livres par an. Heureusement, le titre de prieur simple n'oblige pas à être prêtre.

Au début de l'année 1663, La Fontaine l'informe que le roi fait donner des pensions aux gens de lettres et que le sieur Chapelain[1] est chargé d'établir une liste des bénéficiaires.

S'il veut avoir une chance d'en être, il ne peut différer son retour !

Cependant, afin de pouvoir prétendre à être « gens de lettres », il faut qu'il écrive quelque chose de valeur. Il cherche un sujet susceptible de plaire à Sa Majesté. Il est malheureusement trop tard pour célébrer la

1. Jean Chapelain (1595-1674), poète et critique littéraire.

naissance du dauphin, il choisit donc de louer la guérison du roi qui vient de réchapper de la rougeole par une *Ode sur la convalescence du roi.*

Elle a le bonheur de plaire. Racine est donc couché[1] sur la fameuse liste avec une pension de 600 livres !

— Voilà qui assurera ma subsistance pour une année ! s'enthousiasme-t-il dans son particulier, avant d'ajouter : Dès que je pourrai montrer mon talent, je me fais fort d'obtenir autant que Corneille qui en reçoit 2 000. Il suffit de savoir écrire et flatter... ou flatter en écrivant, à moins que ce ne soit écrire en flattant... en un mot être un bon et talentueux courtisan.

Il écrit aussitôt *Renommée aux muses* afin de remercier comme il se doit Sa Majesté.

Ses odes sont remarquées par le comte de Saint-Aignan, familier du roi et ordonnateur des fêtes royales, ce qui lui permet d'accéder à l'honneur suprême d'assister au lever du roi.

Il s'y retrouve un matin en compagnie de Molière.

— Monsieur Molière, dit Sa Majesté, il faudra nous faire une nouvelle comédie aussi plaisante que *L'École des femmes.*

— Je m'y emploie, Votre Majesté.

Racine s'est habilement placé à côté du comédien, le regard du roi glisse sur lui et s'arrête quelques secondes. Racine rêve... et si le roi lui disait : « Il

1. Inscrit.

faudrait bien que vous aussi, monsieur, vous produisiez une belle tragédie pour me plaire. » Et il s'apprête à répondre : « Je m'y emploie »... Mais le roi ne lui adresse point la parole.

En s'inspirant des auteurs grecs, Racine a entrepris l'écriture d'une pièce mettant en scène Œdipe, roi de Thèbes : *La Thébaïde.* Molière l'encourage, le guide, le conseille.

— Le théâtre, mon théâtre, a besoin de jeunes auteurs talentueux. Je suis certain que bientôt, tu seras l'égal du grand Corneille.

Là est bien son ambition !

Racine connaît par cœur les œuvres de Corneille au point même de lui emprunter certains de ses vers sans même s'en apercevoir.

Afin de ne pas s'attirer les foudres des puristes qui risquent d'attaquer un jeune auteur sans expérience, il respecte scrupuleusement la règle des trois unités. L'unité de temps qui commande que l'action se déroule en vingt-quatre heures, l'unité de lieu qui affirme que cette action doit se dérouler dans un lieu unique, enfin l'unité d'action qui stipule qu'il doit y avoir une intrigue unique. Il porte aussi toute son attention à la longueur de chaque acte puisque, afin d'assurer la lumière sur la scène, il est nécessaire de moucher les chandelles toutes les vingt minutes.

— C'est une belle pièce, certifie Molière. Mes comédiens sont fiers de la jouer.

Las, dès la cinquième représentation, le public devient rare. Les représentations rapportent à l'auteur 348 livres, ce qui est loin de ses espérances. Sa déception est immense. Il tâche de l'oublier dans les cabarets.

— Tant que Corneille occupera les scènes parisiennes, les jeunes auteurs n'y auront point de place, se lamente-t-il.

Chapelain, qui a déjà bien bu, se lève, et comme s'il avait été bousculé par un jaloux, il laisse choir sa perruque et parodie le monologue de Don Diègue.

Ô rage ! Ô désespoir ! Ô perruque m'amie !
N'as-tu donc tant duré que pour cette infamie ?

Ravi, Boileau enchaîne :

N'as-tu trompé l'espoir de tant de perruquiers
Que pour voir en un jour flétrir tant de lauriers ?

Racine n'est pas en reste et poursuit :

Nouvelle pension fatale à ma calotte !
Précipice élevé qui te jette en la crotte !

La nuit n'est pas assez longue pour peaufiner leur chef-d'œuvre qu'ils baptisent *Le Chapelain décoiffé.*

Pendant que Racine se livre à ses facéties, Port-Royal où il a étudié durant plusieurs années est menacé de fermeture. En effet, le jeune Louis XIV s'inquiète de la puissance et de la richesse de ce couvent et des idées qu'il véhicule.

Racine est fâché avec ses anciens maîtres et sa tante Sainte Thècle qui désapprouvent son goût pour le théâtre et lui répètent sans cesse qu'il court à sa perte, aussi prend-il avec un certain détachement la dispersion des religieuses de Port-Royal en août 1664. Après tout, c'est une affaire qui ne le concerne plus.

Sa jeunesse et sa soif de vivre l'aveuglent.

8

Molière
L'École des femmes

— Ah, mes amis, quel bonheur ! s'exclame un soir Molière en retrouvant La Fontaine, Boileau, Chapelle et Furetière[1] au cabaret du Mouton Blanc, Armande consent à m'épouser[2].

— La différence d'âge ne t'effraie pas ? Tu as le double de son âge !

— Certes, mais je n'ai rien du vieux barbon que je raille dans mes comédies… et puis c'est un mariage d'amour. Armande m'aime autant que je l'aime. Grâce à elle, j'ai rajeuni de vingt ans, je suis le plus heureux des hommes !

— Et Madeleine ? s'étonne Chapelle.

1. Antoine Furetière (1619-1688), poète satirique. Il a 3 ans de plus que Molière.

2. Le 20 février 1662, Jean-Baptiste Poquelin de Molière épouse Armande Grésinde Claire Élisabeth Béjart qui devient Mlle Molière. Les comédiennes, même mariées, portent le titre de Mademoiselle. Cette tradition perdure de nos jours.

— Il y a bien longtemps qu'il n'y a plus rien entre Madeleine et moi, mais ce sera toujours ma meilleure comédienne et une amie très chère. Je n'oublie pas que, sans elle, notre troupe n'existerait pas.

— Pourtant les mauvaises langues se déchaînent et la rumeur va bon train... certains font courir le bruit qu'Armande serait ta fille, souffle Furetière.

— « Certains » dis-tu ? Ce sont les comédiens de l'Hôtel de Bourgogne qui ont saisi cette occasion de salir ma réputation en m'accusant d'inceste, explique Molière.

— Tu n'as cependant pas l'air particulièrement inquiet pour quelqu'un qui risque la peine de mort, ajoute Chapelle.

— C'est que j'ai une bonne nouvelle ! Le roi m'a affirmé qu'il ne prêtait pas foi aux ragots et qu'il me conservait son estime... il accepte même d'être le parrain de mon premier fils lorsque je l'aurai conçu ! Pour fêter ça, je vous offre une tournée !

Malgré son travail de poète et de comédien, Molière continue d'exercer par quartier la charge de « tapissier-valet de chambre du roi » dont il a hérité de son père. Un jour que Molière se présente pour faire le lit du roi, le valet de chambre qui est de quartier avec lui se gausse :

— Je refuse de toucher la main d'un comédien !

Le roi en est si fâché qu'il réprimande vertement le valet.

Molière écrit *L'École des femmes* et la dédie à Henriette d'Angleterre, l'épouse de Monsieur, protecteur de la troupe.

La pièce est créée le mardi 26 décembre 1662 au Palais-Royal.

Le succès est immédiat au parterre, mais dès le lendemain, les beaux esprits passent à l'attaque et reprochent à la pièce la faiblesse de son intrigue, l'invraisemblance de son dénouement, sa vulgarité et son immoralisme.

Molière y égratigne même les deux Corneille.

Il place dans la bouche d'Arnolphe un vers de *Sertorius* : « *Je suis maître, je parle ; allez obéissez.* » Mais les paroles de ce général romain prononcées sur un mode comique déclenchent l'hilarité. Puis Molière prend pour modèle de prétentieux un paysan qui a fait creuser un fossé autour d'un quartier de terre afin de se faire appeler M. de L'Isle ! Or c'est avec ce nom pompeux que Thomas Corneille signe ses papiers.

— N'as-tu point peur de la riposte des Corneille ? s'inquiète Boileau.

— Tous ces gens qui me traitent de haut et qui préfèrent faire pleurer que rire m'ennuient.

— Certes... mais tout de même, Corneille..., risque Furetière.

— Corneille est vieux... il est passé de mode. La cour a envie de se divertir, de rire, de danser et point de pleurer... et je gage que le roi rira de ce qui n'est, après tout, qu'une boutade !

Mais Pierre et Thomas Corneille qui ont quitté leur ville natale de Rouen en octobre 1662 pour venir s'installer à Paris fulminent.

— Quelle mouche a donc piqué Molière de s'en prendre à notre famille !

— Il est vrai qu'il aurait pu trouver un autre nom que de L'Isle, se désole Thomas.

— Nos lettres de noblesse ne datent que de 1637 mais nous sommes autorisés à porter le titre d'écuyer. Il n'est pas déméritant d'avoir été anobli en reconnaissance de mes talents de poète dramatique plutôt que de tenir son titre de ses pères sans avoir rien accompli de probant de sa vie !

— Et ce vers de moi qu'il a dénaturé... pour le rendre comique... c'est un sacrilège !

— On s'est gaussé de nous des loges au parterre ! Pour un bon mot, Molière est donc prêt à se fâcher avec ses amis ?

Cette offense brouille les deux Corneille et Molière quelque temps. On prétend même que Corneille est l'instigateur de la cabale qui se déchaîne contre *L'École des femmes.* Tout Paris parle de Molière et prend parti pour ou contre lui.

Nicolas Boileau écrit une pièce en vers pour défendre *L'École des femmes.*

Le roi, qui a assisté à deux représentations, a apprécié. D'ailleurs, il gratifie la troupe de 4 000 livres et accorde même une pension à Molière alors que ses ennemis se déchaînent contre lui.

— Pour être certain d'être bien servi, je vais répondre personnellement à tous ces méchants esprits ! annonce Molière à son ami Boileau. La relâche des théâtres pendant les trois semaines de Pâques va me permettre d'écrire *La Critique de L'École des femmes.* Je vais y remercier les spectateurs du parterre qui m'ont soutenu par leurs rires et leurs applaudissements et me moquer de ces mondaines qui ont prétendu être outragées par ma pièce et de ces marquis qui jugent à tort et à travers.

Quelques jours après la première de *La Critique de L'École des femmes,* le duc de La Feuillade qui a cru se reconnaître dans le stupide marquis de la pièce interpelle Molière dans un salon de Fontainebleau :

— Ah, Jean-Baptiste, j'ai vu votre pièce... fort plaisante... vraiment...

— Vos compliments me ravissent, monsieur, lui répond Molière en s'inclinant sans méfiance.

La Feuillade lui empoigne alors la tête. Il la frotte violemment contre son pourpoint dont les boutons sont des diamants taillés en pointe en criant les mots que le marquis prononce dans la pièce :

— Tarte à la crème, Molière, tarte à la crème !

Surpris, Molière ne pipe mot mais lorsque La Feuillade le lâche, il a le visage ensanglanté.

Le duc est hilare. La cour rit. Il vaut mieux rire avec un duc que de plaindre un comédien !

Rien ne semble pouvoir arrêter la querelle.

Indigné par les critiques qui continuent à affluer, Molière écrit et monte en quelques jours, avec l'approbation du roi, *L'Impromptu de Versailles.*

— Cette fois, ils vont voir ! Moi aussi, je peux être méchant ! lance Molière.

9

M. de La Fontaine

Après l'arrestation de Fouquet, La Fontaine a choisi de s'éloigner de la capitale. Il est parti pour Limoges. De là, il écrit de nombreuses lettres et des contes à son épouse bien que leur couple ne soit plus que de façade : La Fontaine s'ennuie au logis. Il aime le changement et la galanterie.

S'il écrit avec tant d'assiduité, c'est qu'il espère que son épouse lira son courrier à l'académie de Château-Thierry et que ses textes iront jusqu'à Paris.

Il a appris qu'Antoine Furetière, leur ami, vient d'être élu à l'Académie française. C'est un grand honneur qui fait rêver La Fontaine ! Mais Furetière a déjà publié des romans et des poésies. C'est un poète reconnu et apprécié quand lui, La Fontaine, n'a encore rien écrit de valable. Il paraît même que, agacé par la lenteur de l'avancement des travaux du dictionnaire de l'Académie, Furetière travaille sur son propre dictionnaire. Voilà qui risque de créer des conflits !

La Fontaine revient de Limoges à la fin de l'année 1663 pour reprendre ses activités de contrôleur des Eaux et Forêts mais il continue à écrire.

La duchesse de Bouillon, Marie-Anne Mancini, la nièce de Mazarin, vient au printemps de 1664 habiter Château-Thierry, le duché de son époux, tandis que celui-ci part combattre les Turcs. La duchesse a seize ans et s'ennuie dans le vieux château inconfortable. On lui parle d'un certain La Fontaine qui écrit des vers et des contes galants.

— Faites-le venir avant que je ne meure de désœuvrement entre ces murs lugubres !

Il vient. Au premier regard il est séduit. Elle a les cheveux noirs, le teint clair, les joues rondes, un adorable nez retroussé, du feu dans le regard et de la désinvolture.

— Écrivez-moi des vers, monsieur, tout de suite ! ordonne-t-elle.

Il compose rapidement et récite :

— *Nez retroussé ? C'est un charme à mon sens,*
C'en est même un des plus puissants.

— Non, non, je veux un conte. On m'a dit que vous en aviez écrit un fort drôle sur un savetier cocu.

— Madame... je ne sais si... il s'agit d'un conte assez... polisson.

— Osez, monsieur, je veux rire... rire beaucoup et de tout !

Et La Fontaine s'exécute. Puis il écrit d'autres contes, entre autres *Joconde,* imité de l'Arioste.

La moralité de ce récit ? Le mariage est néfaste à l'amour. Tout est préférable à la monotonie. Ce pourrait être, d'ailleurs, la devise de La Fontaine.

La duchesse bat des mains, elle veut d'autres textes. La Fontaine a plusieurs esquisses sur sa table, il ne se fait pas prier pour les terminer et les lire à Marie-Anne. Il découvre avec bonheur que ce qu'il écrit peut plaire.

Depuis le Moyen Âge, les Français sont friands de contes. La Fontaine trouve le ton juste, la forme raffinée pour que ses histoires grivoises séduisent les dames comme les gentilshommes.

Bientôt, il fait imprimer un recueil intitulé *Contes et nouvelles en vers de M. de La Fontaine.*

Le succès est au rendez-vous. La Fontaine y acquiert la réputation d'être un remarquable écrivain et l'homme le moins sérieux de France.

Cependant, ni Colbert ni le roi n'apprécient.

10

Molière, Lully
1664 – Les plaisirs de l'île enchantée

La comédie-ballet, ce nouveau genre créé par Molière dans *Les Fâcheux,* a séduit le roi, aussi, au début de 1664 en commande-t-il une nouvelle afin qu'en y interprétant un personnage, il puisse s'adonner au plaisir de la danse.

Molière écrit une pièce pleine d'entrain et de vivacité, *Le Mariage forcé.* La musique est de Lully, bien sûr. Molière joue le rôle de Sganarelle et Marquise joue Dorimène, la jeune coquette. La pièce est représentée le 29 janvier 1664 au Louvre. Le roi, costumé en Égyptien, danse avec plaisir, de l'application et un talent certain.

À ce moment-là, Louis XIV est excédé par l'attitude du pape Alexandre VII qui refuse de réparer l'injure faite à son ambassadeur à Rome, le duc de Créqui. Corneille, pour plaire au roi, a d'ailleurs écrit une

Élégie à l'occasion de l'attentat contre le maréchal de Créqui. Mais ce texte passe inaperçu. Le roi a vingt-trois ans, il n'aime pas les vers ampoulés. Il veut des textes qui pétillent, qui dérangent... il décide de frapper le parti dévot et c'est Molière qu'il choisit.

Molière fourbit sa plume et son esprit pour écrire *Tartuffe.*

Il ne peut cependant y consacrer tout son temps car le roi a décidé d'offrir à Louise de La Vallière, cette blonde demoiselle de seize ans qui lui donne sa fraîcheur et son amour une fête somptueuse : *Les Plaisirs de l'île enchantée.*

Pour cela, le roi fait appel aux plus grands artistes : Molière pour le théâtre, Lully pour la musique, Le Brun pour les peintures, Vigarani[1] pour la machinerie. Le duc de Saint-Aignan coordonne la fête. Il a choisi pour thème *Le Roland furieux* de l'Arioste[2].

Molière et sa troupe sont à Versailles dès le 30 avril.

Molière supervise toute la partie spectacle. Il est partout. Il houspille les ouvriers qui montent le théâtre dans l'allée Royale, grogne après ceux qui plantent les palissades mal alignées, vérifie les décors, demande que des tentes soient dressées pour que les comédiens

1. Carlo Vigarani, intendant des plaisirs du roi (1637-1713).
2. Long poème héroïque célèbre depuis la Renaissance.

puissent se changer. Il s'assure qu'il y aura assez de bougies, et recommande d'accrocher solidement les flambeaux dans les arbres.

Marquise, sûre de son jeu et de sa beauté, bavarde avec la comtesse de Soissons avec qui elle s'est liée d'amitié.

— Je vous présenterai sous peu une divineresse qui connaît un certain succès. Elle a nom Catherine Voisin, dit la comtesse.

Marquise hoche la tête. Il n'est pas désagréable de frissonner en écoutant parler ces sortes de personnes qui se targuent d'avoir des connaissances sur l'au-delà.

Molière fait répéter quelques tirades à Armande encore débutante. Il veut qu'elle soit parfaite. Il l'enlace tendrement, puis il repart parce qu'on l'a appelé pour connaître son avis sur l'emplacement des candélabres. Il revoit la mise en scène, ajoute une réplique, en supprime une autre...

Rien n'est prêt, rien ne marche, personne ne sait son rôle, les décors ne sont pas terminés, Molière tempête, s'inquiète...

Le 7 mai arrive bien trop tôt !

La Fontaine n'y est pas et ne pourra point décrire en vers les beautés de ce divertissement. Certes, il est revenu de son exil, mais il est trop tôt pour paraître devant le roi, d'autant que ses contes ne sont guère appréciés.

Les six cents invités se sont massés comme ils ont pu pour ne rien perdre du spectacle.

Sur les six heures de relevée, la fête commence par le défilé des personnages empruntés à l'Arioste. Les trompettes, les timbales se déchaînent puis s'apaisent tandis qu'un comédien déclame un sonnet pour présenter les héros.

Le roi, armé à la façon des Grecs, vêtu d'une cuirasse de lame d'argent, couverte d'une riche broderie d'or et de diamants, représente le vaillant Roger. Il salue son épouse et sa mère mais il n'a d'yeux que pour La Vallière.

S'ensuit une course de bagues[1] dans laquelle triomphe le frère de Louise. Ensuite vient la collation. Sur une musique de Lully, les saisons arrivent, à la lueur des flambeaux, suivies de quarante-huit valets portant les plats sur leur tête. Marquise est le printemps. Elle offre des lis à la reine en lui débitant un compliment.

Sur une montagne, apparaît bientôt Molière en dieu Pan. À ses côtés Armande en Diane chasseresse.

Tout se passe pour le mieux.

Ce soir-là, Molière s'endort épuisé, en marmonnant :

— Pourvu que demain *La Princesse d'Élide* plaise à Sa Majesté.

1. Les cavaliers doivent introduire leur lance dans des anneaux ou bagues accrochés à des poteaux. Celui qui décroche le plus d'anneaux est le vainqueur.

— Elle plaira à la reine mère et à la reine puisque tu t'es inspiré d'une pièce espagnole, lui assure Armande.

— Certes, mais c'est aussi un appel à l'amour... Et quel malheur de n'avoir eu le temps de versifier que le premier acte et si peu du second !

— Le texte est beau, même en prose et les six intermèdes avec les chœurs de l'Opéra et les ballets sont divins !

— Ce Baptiste[1] a presque autant de talent que moi ! plaisante Molière en picorant de baisers les épaules de sa jeune femme.

La Princesse d'Élide est un succès. La mise en scène est grandiose. Les décors et les costumes sont sublimes. L'action s'entrecoupe de scènes burlesques. Une meute de satyres, de valets, de chiens, de paysans danse ou chante autour des acteurs. Marquise est magnifique mais Mlle Molière est la révélation de la soirée. La jeune femme se laisse griser par les compliments des jeunes seigneurs qui lui tournent autour dès la fin de la représentation.

Le troisième jour, les spectateurs voient apparaître Alcine (Marquise) et deux nymphes (de Brie et Armande) à califourchon sur des baleines créées par Vigarani. Puis un feu d'artifice embrase le ciel.

1. Le roi et la Cour appelaient familièrement Lully, Baptiste.

Le samedi 10 mai, le roi qui a, une nouvelle fois, endossé le costume de Roger, gagne une course de tête.

Le dimanche, il inaugure la ménagerie de Versailles. En soirée, la troupe de Monsieur joue *Les Fâcheux,* la pièce qui avait été jouée à Vaux… mais le roi a eu sa vengeance puisque Fouquet est en prison et que tout ce qu'il y avait de beau chez le surintendant a été transporté à Versailles. Alors Sa Majesté savoure la pièce avec délectation.

Le lundi, la journée est consacrée au tirage d'une loterie où les lots sont des objets d'art et des bijoux de grande valeur. Une course de bagues oppose le duc de Saint-Aignan et le marquis de Soyecourt.

Le soir, Molière joue les trois premiers actes de sa pièce *L'Hypocrite.* Elle remporte un vif succès. Les jeunes seigneurs et les dames sont assez satisfaits de voir dénoncer avec tant de talent ces insupportables gêneurs que sont les sermonneurs.

Le mardi 13, pour clore *Les Plaisirs de l'île enchantée,* la troupe de Monsieur joue *Le Mariage forcé.* Armande y est, cette fois encore, très remarquée en habit d'Égyptienne.

La troupe est épuisée. Gros-René, l'époux de Marquise, a tant donné qu'il est pris d'un malaise. Molière, comme les autres, est fatigué mais satisfait. Le roi l'a félicité, et a toutefois ajouté à voix basse, l'air contrit :

— Vous allez irriter les dévots… ce sont des gens implacables !

11

Molière
Tartuffe

Louis XIV ne s'est pas trompé.

Dès le lendemain, la Cabale contre-attaque.

— Que le roi trompe la reine avec Louise de Lavallière, nous fermons les yeux, marmonne l'archevêque de Paris, mais que cet infâme Molière s'attaque à la religion d'une si vile manière, c'est intolérable !

— Nous devons œuvrer pour que le roi se sépare de ce démon de Molière ! tempêtent les dévots.

— Il ne faut pas que *L'Hypocrite* soit connu du grand public ! Ses effets seraient fort dangereux pour l'Église.

— Ce serait un coup mortel, assurément !

La Cabale conduite par l'archevêque de Paris se joint à la reine mère pour faire pression sur le roi afin qu'il interdise les représentations publiques de *L'Hypocrite.*

Molière est atterré !

Cependant, le roi lui garde son estime puisque le 21 juillet, il convie la Troupe de Monsieur à Fontainebleau à venir jouer *La Princesse d'Élide* et *La Thébaïde* de Racine.

Mais ce que veut Molière, c'est montrer son *Hypocrite* !

Il écrit donc un placet[1] au roi dans lequel il essaie de prouver que son *Hypocrite* ne concerne pas les vrais dévots mais les faux-monnayeurs en dévotion, ceux dont le zèle est contrefait et la charité sophistiquée.

Ce soir-là, au cabaret de La Croix-Blanche, Racine, Boileau et Furetière discourent en attendant Molière.

— J'ai ouï-dire que depuis qu'elle est parue dans toute sa beauté lors des *Fêtes de l'île enchantée,* la jeune Armande a de nombreux courtisans.

— Il semble qu'elle soupire pour le comte de Guiche.

— ... mais comme il la dédaigne, elle est tombée dans les bras du comte de Lauzun !

— Voyons, mes amis, ce ne sont que des ragots... Armande n'est Mlle Molière que depuis deux ans et...

— Silence, le voici ! chuchote Boileau avant de lancer à l'intention de Molière qui s'approche de leur table, le visage soucieux : As-tu une réponse à ton placet ?

1. Placet, écrit adressé à un roi, un ministre pour demander justice, se faire accorder une grâce, une faveur.

— Las, le roi maintient son refus...

— C'était à prévoir, ajoute Racine. Il ne peut fâcher la reine mère et l'Église et...

— Le roi est le roi ! S'il voulait vraiment, il pourrait ! s'entête Molière. Cette pièce n'a rien à voir avec les farces que j'ai montées jusqu'à présent... celle-là est une véritable œuvre de comédie... Ne pas pouvoir la jouer me mine et me met les nerfs à vif !

— Tu en écriras une autre ! l'encourage Furetière.

Molière le foudroie d'un regard mauvais.

— Certes, mais c'est celle-là qui fera ma gloire.

— Peut-être pourrais-tu... l'adoucir quelque peu..., suggère Boileau.

— J'y songe en effet, si c'est le prix à payer pour que ma pièce voie enfin le jour ! Mais pour l'heure, je dois assurer l'existence de ma troupe et sans nouveauté à proposer au Palais-Royal, il sera bien difficile de déplacer les spectateurs.

Fort heureusement, la troupe est conviée en septembre à Villers-Cotterêts par Monsieur, en octobre à Versailles et en novembre au Raincy par la princesse Palatine où *Tartuffe* est joué pour la première fois dans une version épurée.

Tous ces gens, et bien d'autres – Mme de La Sablière, Ninon de Lenclos, La Rochefoucauld, Lauzun, Dangeau – défendent sa pièce.

Cependant, Molière est aigri, non seulement parce que sa pièce n'est pas jouée en public, mais par l'attitude d'Armande qui, grisée par son succès, reçoit ses galants dès que son mari a le dos tourné.

Et les peines s'accumulent...

Gros-René, son comédien préféré pour qui il a écrit de nombreuses farces, décède le 28 octobre 1664 après avoir signé la formule rituelle de renonciation à son métier de comédien. Marquise est donc veuve. Elle a trente et un ans, trois enfants à charge mais elle est toujours diaboliquement belle.

Et le 10 novembre, le fils de Molière, Louis, en qui il voyait son successeur, meurt. Il a tout juste dix mois.

Dans la marge du registre dans lequel le comédien La Grange note scrupuleusement les événements marquants de la troupe, il dessine un losange noir, signe de décès. Il préfère de loin tracer un anneau bleu désignant un événement heureux, mais ils sont rares... Il y a plus de losanges rouges qui marquent une affaire d'argent, un procès, un désordre.

— Notre ami Molière est bien malheureux, constate Boileau alors qu'il suit le convoi funèbre.

— Oui. Il n'est plus que l'ombre de lui-même, ajoute Furetière.

— Il paraît qu'il abandonne son rôle d'annonceur au profit de son comédien La Grange. Je ne sais si ce dernier aura autant d'esprit et de repartie.

— Il est vrai que lorsqu'à la fin de la représentation, Molière paraissait sur la scène pour annoncer avec force pitreries et phrases accrocheuses la prochaine pièce, c'était un spectacle à lui tout seul ! Il a l'art de parler au public, de dialoguer avec lui... il savait le convaincre de ne pas manquer le spectacle suivant.

— Molière vieillit. On dit même qu'il est malade... les poumons, le cœur...

12

Molière
Don Juan ou Le Festin de pierre

— J'en ai assez ! s'exclame Molière, les procès que l'on fait à *Tartuffe* sont par trop injustes ! Et cette fois, je vais le clamer haut et fort !

— Ah, mon ami, méfiez-vous... toutes les vérités ne sont point bonnes à dire, lui conseille La Fontaine.

— Je n'ai rien à perdre ! Je suis en train d'écrire une pièce inspirée de celle de Molina[1] : *Don Juan ou le Festin de pierre.* Mais mon *Don Juan* est un libertin athée, un dilettante qui joue avec les autres, un raffiné du mal, comme il y en a à la cour.

Boileau sourit et dit à mi-voix :

— Il est vrai que nous avons autour de nous des exemples bien vivants : Conti, Lauzun, le marquis de Vardes, le comte de Guiche ressemblent à ton héros.

1. Tirso de Molina, de son vrai nom Gabriel Téllez (1583-1648), un moine, avait écrit *Le Trompeur de Séville ou le Convive de pierre,* dont de nombreux auteurs se sont inspirés.

— Mon *Don Juan* est aussi un homme qui se cherche et qui cherche sa raison d'être, ajoute Molière. L'action se passe en Sicile et je ne m'embarrasse pas de l'unité de lieu, de temps et d'action qui bloquent la créativité.

— Ho, ho ! Tu vas au-devant des ennuis, lui prédit Boileau.

— Je m'en moque, te dis-je ! Le marché des décors vient d'être passé... ils seront somptueux !

— Je dois rentrer à Château-Thierry pour m'occuper de mes affaires, me ferez-vous l'amitié de venir m'y retrouver pour partager avec moi quelques bonnes bouteilles ? demande La Fontaine.

— Ce sera avec plaisir, mon cher Jean, lui répond Boileau, tu sais combien les gens de ta province m'amusent !

— J'en serai également, ajoute Racine. Je travaille sur une tragédie, mais le grand air me sera salutaire.

— Vous vous passerez de moi, mes amis, je ne peux abandonner mon théâtre, soupire Molière.

— Nous savons bien que tu ne peux vivre deux jours loin de Paris, plaisante La Fontaine, alors que moi j'ai besoin de la nature, des arbres, des animaux pour alimenter ma rêverie.

Les trois amis sourient. Entre eux, ils appellent familièrement La Fontaine le Bonhomme. Certes, son âge y est pour quelque chose, mais c'est plutôt à son attitude de rêveur peu contrariant et peu bavard qu'il doit son surnom. Emporté par ses rêveries, il perd souvent le fil des conversations et sourit alors benoîtement, ce qui lui donne un air niais dont ses amis se moquent gentiment.

— Je vous lirai quelques fables d'Ésope que, bien modestement, j'imite, ajoute La Fontaine. Vous me donnerez votre avis.

Le Festin de pierre est créé le dimanche 15 février 1665. C'est un immense succès. La pièce est rejouée le 22, puis le 24. Le public est de plus en plus nombreux à venir l'applaudir.

Marquise y campe Elvire. C'est un rôle pathétique dans lequel tout son talent de tragédienne s'exprime.

Mais la pièce est retirée brutalement de l'affiche.

Les dévots ont encore frappé ! Le roi, une nouvelle fois, cède sous leur pression. La troupe de Monsieur arrête donc de jouer *Don Juan ou le Festin de pierre.*

Tout va de travers pour Molière.

Ses pièces sont interdites, le roi l'a abandonné, Armande qu'il chérit tendrement s'épanouit dans les fêtes parmi les jeunes gens de son âge. Son fils n'est plus. Sa santé n'est point bonne. Il lui reste l'amitié de Boileau, de La Fontaine et de son jeune cousin Racine.

Le 3 août, un événement heureux vient égayer sa vie : Armande met au monde une fille, Esprit-Madeleine Poquelin.

Et le 15 août, alors que la troupe de Molière est à Saint-Germain pour divertir la cour par une comédie, le roi leur accorde une pension annuelle de 6 000 livres, montrant ainsi à son auteur préféré qu'il est de son parti contre celui des dévots. Mais Molière ne supporte pas que ses deux grandes pièces : *Tartuffe* et *Don Juan ou le Festin de pierre* ne soient pas jouées en public !

Il est las de se battre et puisqu'on veut qu'il écrive des farces... eh bien, il en écrira.

— Puisqu'on refuse que je raille les faux dévots, les libertins et les athées, je m'attaque aux médecins ! Je vais peindre sous des noms ridicules ceux qui s'occupent des Grands : le médecin de Monsieur, celui de Madame, ceux de la reine. Boileau, toi qui connais le grec, trouve-moi des noms significatifs avec une consonance bien ronflante pour ces charlatans.

— Que dis-tu de Tomès qui signifie le saigneur ?

— Parfait. Il sera d'Aquin, second médecin de la reine, qui est de plus le propriétaire du logis que j'occupe et qu'il me loue fort cher !

En quelques jours, Molière termine *L'Amour médecin,* un divertissement entremêlé de ballets et de musiques composées par Lully.

Avant d'être donnée sur la scène du Palais-Royal avec succès, la pièce est jouée plusieurs fois à Versailles en septembre 1665.

Le roi s'amuse et s'exclame même :

— Les médecins font assez souvent pleurer pour qu'ils fassent rire quelquefois.

En décembre, la troupe du roi interprète la pièce du jeune Racine, *Alexandre le Grand.* C'est un succès qui, avec celui de *L'Amour médecin,* renfloue les caisses de la troupe. Mais quelques jours plus tard...

— Racine me déçoit..., se lamente Molière. Certes, il a du talent... mais son ambition est par trop démesurée et je ne m'attendais point à ce qu'il me plante un couteau dans le dos !

Après plus de trois ans d'instruction, le procès de Fouquet s'achève. Ses biens sont confisqués au profit de la couronne. Louis XIV et Colbert avaient réclamé sa tête, mais le magistrat rapporteur Olivier Le Fèvre d'Ormesson transforme la peine en bannissement à perpétuité du royaume. Que cet homme habile aille proposer ses services chez un monarque étranger est impensable ! Aussi le roi use de son droit de grâce pour condamner Fouquet à la prison à vie.

Mais qui s'en soucie ?

La Fontaine sans doute s'en attriste. Il a pour Fouquet une véritable admiration et une amitié sincère. Mme de Sévigné, elle, a si longtemps craint la mort de son ami Fouquet qu'elle laisse éclater sa joie et son soulagement dans les lettres qu'elle adresse à ses correspondants.

13

Racine sort de l'ombre

Corneille continue à produire systématiquement une œuvre chaque année. Il a écrit *Sertorius* en 1662, *Sophonisbe* en 1663, *Othon* en 1664. Certes, ces pièces n'ont point le souffle du *Cid,* mais Racine enrage que le vieux poète occupe toujours la scène.

Comme le jeune Louis XIV, Racine veut conquérir le monde... celui de la poésie et du théâtre. Il entend déjà les trompettes de la gloire sonner à ses oreilles : « Corneille a triomphé avec *Le Cid* à trente et un ans quand ce jeune Racine connaît le succès à seulement vingt-six ans ! »

Il cherche donc l'idée qui lui permettra de sortir de l'ombre.

Il lui faut un héros jeune, glorieux et galant, à l'image même du roi. Son nom s'impose alors à lui comme d'ailleurs il s'était imposé à Le Brun. Le peintre avait commencé à exécuter des tableaux où la gloire de Louis se mêlait à celle d'Alexandre le Grand tant et si bien que l'on se plaisait, pour bien faire sa cour, à nommer Louis le quatorzième Louis le Grand.

— Voilà un sujet qui ne laissera pas le roi insensible, s'enthousiasme Boileau.

— Notre troupe sera heureuse de jouer ta pièce, ajoute Molière.

— Pour l'heure, gardez-vous de parler de ce projet. Corneille a déjà écrit *Cinna* sur ce même thème, il est inutile que Quinault[1] qui vient de donner avec succès *Astrate* s'empare de ce sujet.

— Ou que le vieux Boyer[2] qui est aussi fertile que Corneille et nous abreuve chaque année de l'une de ses insipides tragédies fasse de même.

— Oh, ces deux-là ne t'arrivent point à la cheville ! lui assure Boileau.

— J'aimerais que le public en soit aussi persuadé que vous, mes amis. Leurs pièces font recette et Boyer a été élu à l'Académie française voici trois ans... De toutes les façons, tant que l'on n'est point assuré d'en sortir vainqueur, les comparaisons sont toujours ennuyeuses !

— Le roi aime la jeunesse et Corneille est bien vieux... Le moment est venu de lui souffler sa place ! l'encourage Boileau.

1. Philippe Quinault (1635-1688), poète et auteur dramatique. Il a 4 ans de plus que Racine, 13 ans de moins que Molière et presque 30 ans de moins que Corneille !

2. Claude Boyer (1618-1698), auteur dramatique. Il a écrit une trentaine de tragédies. Il a 17 ans de plus que Racine et 4 ans de plus que Molière.

— C'est ce que j'espère... il faut donc que je me surpasse. Aussi, je me suis mis au travail avec assiduité. Finis les cabarets !

— Combien de temps tiendras-tu sans sortir de ton antre ? se moque Molière.

— Le temps nécessaire à l'écriture d'*Alexandre le Grand,* car ce doit être un chef-d'œuvre !

— Qu'il est modeste notre ami ! s'esclaffe La Fontaine.

Racine est le plus jeune du groupe. La Fontaine et Molière prennent un malin plaisir tantôt à le materner, tantôt à rire de sa fougue. Boileau n'a que trois ans de plus et partage avec Racine la même soif de reconnaissance. Il écrit des satires qu'il espère faire publier prochainement.

Lorsque Racine pose le point final à sa pièce, l'envie lui vient de la lire à la seule personne capable d'y porter un jugement éclairé : Corneille. Celui-ci a quitté Rouen depuis peu et habite un appartement à l'hôtel de Guise.

Il s'y rend avec la fébrilité du collégien allant rencontrer le maître et aussi une pointe d'orgueil. Il est certain d'avoir écrit une pièce équivalente à celle écrite par Corneille en 1642 : *Cinna ou la clémence d'Auguste* qui traitait d'Alexandre le Grand. Sa pièce exploite même mieux l'éclat et la puissance d'Alexandre sans y omettre les sentiments qui plaisent aux dames.

Lorsqu'il a terminé sa lecture, avec la belle voix grave qui suscite l'admiration des salons où il se produit, Corneille se lève, toussote et lui dit d'un ton docte :

— C'est de la belle ouvrage, certes. Cependant, il me semble que la tragédie n'est pas un art où vous êtes à l'aise. Aussi, je ne saurais trop vous conseiller de vous éloigner de la poésie dramatique. Sans doute la comédie conviendrait mieux à votre jeune âge.

Racine est furieux et bien décidé à prouver que ce vieux radoteur, jaloux de son talent, se trompe.

La pièce est créée le 4 décembre 1665 au Palais-Royal par la troupe de Molière en présence de Monsieur[1], de Condé, du duc d'Enghien, de nombreux gentilshommes et d'autant de jolies dames. Le succès est éclatant et l'orgueil de Racine est satisfait lorsqu'il entend l'un de ces messieurs assurer :

— Depuis *Le Cid,* je n'ai jamais rien ouï de si beau !

Ses amis le félicitent.

— Mes comédiens se sont surpassés pour assurer le succès de ton œuvre, affirme Molière, j'espère que tu es content !

— Certes... Pourtant, le naturel que tu prônes ne convient pas à la tragédie. La Grange joue trop lâchement le rôle d'Alexandre, tu devrais en convenir.

1. Philippe, frère du roi.

— Non point. La mode de la déclamation tire à sa fin et surjouer un rôle n'est pas le bien jouer. D'ici quelques années, c'est le naturel que demandera le public, tu verras.

Racine se renfrogne. Il ne partage pas cet avis. Il est même persuadé que les comédiens du Palais-Royal ne sont bons que pour faire rire mais ne savent pas déclamer les vers tragiques.

— Cette pièce fera ta fortune et la mienne, poursuit Molière. La recette est de 1 294 livres ! Il y a bien longtemps que nous n'avons atteint ce chiffre mirobolant ! Lorsque nous aurons retiré la rétribution du receveur[1], du portier[2], du moucheur de chandelles, du souffleur, les parts seront encore belles pour les comédiens et puisque tu as deux parts en tant qu'auteur, tu n'es pas à plaindre !

Racine reste sur ses positions. Son *Alexandre* n'est point mis en valeur par les comédiens de Molière, pire, ils en dénaturent la grandeur. À dire vrai, il le savait depuis le début, mais il a agi par amitié pour Molière qui a accepté de jouer sa première pièce. Après la représentation, le doute le ronge et l'inquiétude aussi.

« Mon théâtre mérite mieux que la troupe de Molière, se dit-il dans son particulier. Il lui faut la

1. Le receveur au bureau encaisse le montant des places et délivre les billets.

2. Il vérifie les billets puis ferme les portes après la représentation.

seule troupe capable de jouer la tragédie : les Grands Comédiens de l'Hôtel de Bourgogne. »

Craignant de peser trop longuement le pour et le contre, il porte, dès le lendemain, son texte à Floridor[1], directeur de la troupe de l'Hôtel de Bourgogne. Ce dernier est fort surpris, mais comme les deux théâtres se livrent une querelle sans merci, il accepte vitement :

— Vous verrez, mon jeune ami, que n'en déplaise à Molière qui nous a si honteusement raillés dans son *Impromptu de Versailles*[2], nous déclamons la tragédie mieux que personne ! fanfaronne Floridor.

Les Grands Comédiens apprennent le texte en dix jours.

Et le 14 décembre, la pièce est jouée par la troupe royale chez la comtesse d'Armagnac qui a convié le roi, Monsieur et Madame avec toute la magnificence possible. Le roi la goûte fort et complimente le poète.

— Il a parfaitement saisi qu'en célébrant la grandeur d'Alexandre, c'était la sienne que je célébrais, se félicite Racine. Serait-ce enfin le début de ma faveur ?

De ce jour, la pièce est donnée par les comédiens de l'Hôtel de Bourgogne. Ce sont eux qui jouent les pièces de Corneille.

1. Comédien et directeur des Grands Comédiens de l'Hôtel de Bourgogne.

2. Pièce de 1663 dans laquelle Molière avait férocement parodié le jeu des « Grands Comédiens ».

Racine marche donc sur les traces de son rival.

Et puis, l'Hôtel de Bourgogne est le théâtre où depuis cinquante ans les dramaturges les plus importants ont obtenu leurs plus grands succès et où les acteurs célèbres se suivent depuis trois générations. C'est le plus vaste de Paris. Le parterre mesure 95 toises carrées[1], la scène a un plateau de 57 toises carrées[2], des loges sur deux étages longent chacun des murs latéraux de la salle. Trois entrées permettent aux deux mille personnes pouvant assister aux spectacles d'entrer sans se bousculer. Le roi lui-même s'y déplace.

Marquise Thérèse Du Parc, que Racine a déjà admirée dans plusieurs pièces de Molière, quitte bientôt la troupe du Palais-Royal pour rejoindre l'Hôtel de Bourgogne.

La comédienne n'est sans doute pas insensible à l'allure de Racine... à moins que son intuition ne lui permette de deviner que Racine est en train de devenir le dramaturge à la mode... celui qui lui donnera des rôles qui assureront sa gloire.

Malgré ses trente-deux ans, la beauté et la grâce de Marquise sont intactes. Ce n'est un secret pour personne que Pierre Corneille, déjà âgé de cinquante-deux ans, avait eu de l'inclination pour elle lors du passage de la belle à Rouen en 1658, que son frère l'avait

1. 360 mètres carrés.
2. 216 mètres carrés.

célébrée par quelques vers et que Molière n'avait point non plus été insensible à son charme. Ravir la belle à ces célébrités plaît assez à Racine.

Boileau et La Fontaine le grondent d'abondance lorsqu'ils découvrent que sa pièce est jouée à l'Hôtel de Bourgogne :

— Eh bien, te voilà fâché avec Molière pour l'éternité ! le tance Boileau.

— Tu récompenses fort mal Molière qui t'a pourtant guidé de ses conseils ! ajoute La Fontaine.

— Oublies-tu que l'usage veut qu'une troupe qui crée une pièce en garde l'exclusivité jusqu'à ce que le texte paraisse en librairie ? reprend Boileau.

Racine grogne :

— Je sais tout cela ! Molière a déjà l'appui du roi alors que je dois faire mes preuves. Il devrait comprendre que ce n'est point, entre nous, une question d'amitié, mais de notoriété. Lui est déjà célèbre et je me dois de le devenir.

— Molière traverse une mauvaise passe, poursuit Boileau. Son premier fils vient de mourir, son *Tartuffe* est interdit et les représentations de *Don Juan* arrêtées, tu lui voles sa comédienne, et je ne parle pas de ses déboires sentimentaux avec Armande ! Alors, je crains qu'il n'ait pas l'esprit enclin à la clémence pour ce qui est, il faut bien l'admettre, une sorte de traîtrise.

— Ah, tout de suite les grands mots ! J'ai pris la décision qui s'imposait pour le succès de ma pièce !

— Cela, nous en sommes certains... mais n'as-tu point imaginé le mal que cela allait occasionner ?

Ces accusations mettent Racine mal à l'aise et il tente de se justifier :

— Pour moi, l'art passe avant tout !

Boileau hausse les épaules et La Fontaine opine du chef.

Racine vient de perdre l'amitié de Molière, mais il a gagné la confiance de Sa Majesté. Ce n'est point un mauvais marché.

Lorsqu'il publie la pièce en janvier 1666, il la dédicace « Au roi ». Il sait si bien trouver les mots pour flatter le souverain que ce dernier lui octroie une gratification de 600 livres.

À cette même date, la reine mère rend son dernier soupir, libérant le roi de son emprise. Louis XIV va enfin gouverner en seul maître.

Corneille est fort chagrin. En perdant la reine, il perd une alliée. La dernière de la vieille garde à apprécier à leur juste valeur ses tragédies. Corneille était, sans nul doute, son auteur préféré. Elle détestait l'ironie mordante de Molière et ses farces grossières.

Les théâtres ferment leur porte en signe de deuil.

14

Molière
Le Médecin malgré lui

Afin de jouer *Alexandre* de son jeune ami Racine, Molière a engagé de gros frais pour les décors et les costumes ; il ne décolère pas.

— Quand je pense que je l'ai encouragé, soutenu, que nous avons bu et ri ensemble dans les cabarets... et qu'il me trahit de la sorte ! Jamais je ne le lui pardonnerai !

Pour oublier la faillite de son mariage, l'échec de *Tartuffe* et du *Festin de pierre*, sa santé chancelante, Molière se remet au travail. Il écrit *Le Misanthrope.*

Il excelle dans le rôle d'Alceste et Armande qui interprète Célimène est une parfaite mondaine coquette. La pièce est truffée d'allusions personnelles : amertumes, déconvenues. C'est un drame d'amour.

Le Misanthrope est créé au Palais-Royal le 4 juin 1666.

Il est joué vingt et une fois, mais si les gens de qualité et les beaux esprits s'enthousiasment, la pièce, trop savante, déconcerte le parterre.

— Après son *Misanthrope,* il ne faut plus voir rien ; c'est un chef-d'œuvre inimitable ! s'enthousiasme cependant un critique.

— Ah, mon ami, s'exclame Boileau, le *Misanthrope* te rendra immortel !

— Il le faudra bien, car les médecins me tuent à petit feu. On me reproche mon souffle court, alors qu'il est de bon ton de débiter les tirades sans reprendre haleine. Moi je suis obligé de les tronçonner parce que je manque d'air. Et si mon hoquet provoque les éclats de rire dans les comédies, il est des plus désastreux dans les tragédies.

— Allons, te voilà encore mélancolique. Veux-tu que l'on croie Scarron qui affirmait que tu n'étais point un rieur ? ajoute La Fontaine.

— Sur les planches, je le suis... mais ma vie ne me prête point à rire. Tu sais bien, toi qui me supportes de la force de ton amitié, que je suis plus enclin à la gravité et au chagrin. Je me demande parfois si comédien est bien ma destinée... j'ai d'abominables périodes de doute.

— Tu devrais arrêter de te produire sur scène. Tu t'y épuises. Consacre-toi à l'écriture ! Corneille et Racine ne jouent pas leur pièce, eux !

— Certes, mais moi, j'écris les rôles principaux pour moi ! Et puis sans les applaudissements du public, je dépéris... alors mourir pour mourir autant que ce soit sur la scène. D'ailleurs, je suis en train d'écrire une nouvelle pièce pour me gausser encore une fois des médecins, je me suis inspiré d'un fabliau du Moyen Âge : *Vilain mire...*

— Tu as déjà fait cinq pièces sur les médecins ! lui reproche La Fontaine.

— Oui, mais il y a tant à dire sur ces charlatans... et puis rire de ma maladie me permet de mieux la supporter.

— As-tu lu *Le Roman bourgeois* que vient de publier Antoine Furetière ?

— Je n'en ai point eu le temps. Mais Furetière a du talent... la preuve est qu'il est membre de l'Académie... je ne pense pas avoir jamais cet honneur ! Un saltimbanque comme moi n'y a point sa place.

Molière tousse, reprend son souffle et poursuit :

— L'œuvre de Furetière entrera dans la postérité et je ne doute pas du succès de ce roman.

Le 6 août 1666, *Le Médecin malgré lui* est créé au Palais-Royal.

Le parterre, conquis, éclate en rires et en applaudissements. Les beaux esprits tordent le nez. Mais le Palais-Royal ne désemplit pas. Dans l'habit jaune et vert de Sganarelle, Molière, par ses mimiques et son phrasé saccadé déclenche l'hilarité de la salle. Et lorsqu'il entonne :

Qu'ils sont doux
Bouteille jolie,
Qu'ils sont doux
Vos petits glouglous !...

la chanson des « glouglous » dont l'air est de Lully, les spectateurs la reprennent avec lui.

Boileau, qui n'apprécie guère cette farce gaillarde, se désole :

— Comment reconnaître dans cette pantalonnade l'auteur du *Misanthrope* ? dit-il à son ami.

— C'est qu'il y a deux hommes en moi. L'un grave, l'autre comique... Et puis le roi aime mes comédies et il faut assurer la survie de la troupe... alors je compose, mon ami, avec mes humeurs et celles du roi...

15

Molière et le jeune Baron

Après la période de deuil observée pour le décès de sa mère et afin de montrer que son règne sera celui des fêtes et des plaisirs, Louis XIV dit à ses artistes favoris, Lully, Benserade[1] et Molière :

— Faites-moi un beau divertissement sur le thème de la mythologie.

Molière n'a aucun goût pour ce genre de sujet. C'est même tout ce qu'il déteste et dont il s'est gaussé dans ses pièces : préciosité, langueur, nymphes et bergers... Mais il faut bien satisfaire le roi !

Heureusement, un événement heureux le motive.

Il vient de recueillir un jeune comédien de treize ans : Michel Baron. Celui-ci a perdu son père quand il avait deux ans et sa mère l'année de ses neuf ans.

1. Isaac de Benserade (1612-1691), poète. Il a 10 ans de plus que Molière.

Depuis, il joue dans une troupe ambulante. Il a le théâtre dans le ventre, de la fougue et du talent !

Lorsque Molière le découvre sur les planches, c'est lui qu'il voit quelques années plus tôt, quand il gesticulait, gambadait, parlait fort pour déclencher le rire. Il voit aussi son fils, parti trop tôt et en qui il avait mis tous ses espoirs. À qui, à présent, transmettre sa passion du théâtre ? Certes pas à Esprit-Madeleine. Il voudrait pour sa fille un bel établissement, une dot conséquente et un bon parti. Il ne l'entraînera pas sur la voie tourmentée du théâtre.

Après avoir longuement parlementé, Molière rachète Baron à la troupe à laquelle il appartient.

— Ah, monsieur, quel honneur de travailler avec un si illustre auteur... et dans une troupe si... si célèbre... je... enfin je vous serai éternellement reconnaissant de...

— Holà, mon garçon, trêve de compliments ! s'exclame Molière en tapant affectueusement sur l'épaule du jeune comédien. Je te prends parce qu'il me semble que tu as du talent. À toi de me prouver que je ne me suis point trompé !

À ce moment de sa vie, Molière est en manque d'affection. Quant à l'amour... il y a bien longtemps qu'Armande n'en éprouve plus pour lui. Elle ne supporte plus le malade qu'il est devenu et préfère la peau fraîche et douce de ses nombreux amants aux toux nocturnes de son vieux mari. Leurs disputes, de plus en plus fréquentes, sont épuisantes. La présence chaleureuse de Baron lui sera certainement bénéfique. Il a besoin de continuer à protéger, à aimer et puisque Armande ne veut plus qu'il occupe ce rôle, il reportera sa tendresse sur Michel.

Il l'installe donc chez lui en disant à Armande :

— Voici un garçon fort prometteur.

— Il est trop jeune ! Il n'y a aucun rôle pour lui ! Ce n'est pas le moment de s'encombrer d'une bouche supplémentaire à nourrir !

— Je vais lui apprendre le métier, l'instruire aussi et dans quelques années, ce sera un excellent comédien !

— On n'a pas besoin de le loger et de le nourrir. Je lui trouverai sans peine une chambre près du théâtre.

— Je le veux avec moi !

Armande fait la moue. Elle n'a pas l'âme charitable et l'intrusion de ce garçon dans sa vie ne lui plaît pas.

— Tu t'es entiché de ce garçon... Il te mènera par le bout du nez ! lui lance-t-elle.

Molière se tait.

Mais lorsqu'il commence à écrire *Le Ballet des muses*, c'est en pensant à Baron qu'il imagine le personnage de Myrtil, jeune berger épris de Mélicerte.

La pièce est jouée le 2 décembre 1666 à Saint-Germain devant le roi et la cour. Les dames n'ont d'yeux que pour le jeune comédien. Il est si attendrissant !

Pendant les répétitions, Armande reproche à son mari d'être trop tendre avec Baron alors même que celui-ci s'adresse à elle sans aucune déférence. Il est vrai que ce garçon manque encore d'éducation... sa jeunesse l'excuse. Mais Armande est si bien habituée à la cour que lui font ses muguets qu'elle ne supporte pas qu'on aille contre ses désirs. Une dispute éclate. Armande gifle Michel. Celui-ci, un rien arrogant, menace de ne pas jouer la pièce.

— Michel, tu ne peux pas m'abandonner ainsi, le supplie Molière. Sans toi, la pièce ne vaut plus rien.

— Balivernes ! explose Armande. Il y a, sur la place de Paris, plusieurs acteurs meilleurs que lui... Je me demande si ce n'est point par... par vice que tu le gardes !

Voilà qu'elle l'accuse à présent de s'adonner au vice italien[1] !

Molière est si chagriné par l'attitude des deux êtres les plus proches de lui qu'il écrit en hâte, à la demande du roi, *La Pastorale comique* en les excluant de la distribution.

Baron, fâché sans doute par ce mouvement d'humeur, quitte Saint-Germain sur-le-champ. Molière, à qui le roi a alloué une chambre au château afin qu'il soit sur place pour écrire de nouvelles comédies, n'ose partir à sa poursuite. Ce serait offenser Sa Majesté que

1. Au XVIIe siècle, c'est ainsi que l'on appelait l'homosexualité.

d'abandonner son poste de travail, mais le départ de son protégé l'affecte particulièrement.

Il pensait avoir tissé avec lui des liens forts, des liens paternels et pour une peccadille les voilà fâchés ! Molière est perdu. Il n'a plus envie d'écrire. D'ailleurs ses deux dernières pièces sont mauvaises. Il s'essouffle à produire de telles banalités. Pour ne pas perdre l'estime de lui, il se doit d'écrire promptement une belle pièce !

En quelques jours, il écrit une comédie-ballet, *L'Amour peintre,* dans laquelle les quatre « Maures » seront joués par Louis XIV, M. le Grand[1], les marquis de Rasan et de Villeroy et les quatre « Mauresques » par Henriette d'Angleterre, Mlle de La Vallière, Mme de Rochefort et Mlle de Brancas. La musique est, évidemment, de Lully.

La pièce, assez réussie, emporte un franc succès.

Pendant son séjour à Saint-Germain, Molière a le grand bonheur de pouvoir vivre dans l'ombre du roi.

— Vous avez, monsieur, fort bien su nous divertir, le félicite celui-ci.

— Ah, Majesté, je ne travaille que pour vous plaire... et je suis fort marri lorsque je n'y parviens point... ainsi pour *Tartuffe...*

1. C'est ainsi que l'on appelait le grand écuyer responsable des écuries royales.

Le roi fronce les sourcils, mais ne l'interrompt point.

— J'ai entièrement revu la pièce. J'en ai supprimé quelques répliques trop virulentes et j'en ai même changé le titre afin d'apaiser les esprits.

— Comment s'appelle donc la pièce à présent ?

— *L'Imposteur.*

— Eh bien, nous verrons.

C'est donc plein d'espoir que Molière quitte le roi et Saint-Germain... bien que les méchants courants d'air du château aient gravement nui à sa santé.

Son couple, cependant, ne va pas mieux. Il décide de rendre sa liberté à Armande. De toutes les façons, elle n'a pas attendu son approbation pour la prendre.

16

L'Échec de Corneille

Le jeune Racine était venu me lire son *Alexandre*, la pièce qu'il était en train d'écrire.

Je fus flatté qu'il vînt quérir mon avis et, en même temps, je me demandais s'il ne venait pas voir un vieux lion blessé par la défaite de *Sophonisbe*. En effet, cette pièce n'avait pas plu, certains murmuraient que j'étais le poète du passé. Les critiques attendaient la relève. Je craignis un moment que ce jeune homme à la mine agréable et à l'élocution facile ne soit le nouveau poète dramatique.

Lorsqu'il me lut son œuvre, il me sembla discerner en lui quelques qualités. Cependant, je le jugeais trop fougueux, pas assez réfléchi et, pour tout dire, je n'avais pas envie qu'il me vole la place que j'occupais. Il y avait déjà bien trop de dramaturges dans la capitale ! Afin de ne point le fâcher, je lui fis quelques louanges tout en lui conseillant de se consacrer plutôt à un autre genre que la poésie dramatique.

Le succès de son *Alexandre* me stupéfia.

Le public, trompé par la jeunesse de l'auteur, s'extasia sur une pièce qui, à mon sens, ne le méritait pas. Ainsi, il fallait être jeune et fougueux pour séduire ? Je regrettai le temps où je l'avais été moi aussi... le temps du *Cid*.

Je refusai de m'avouer vaincu et j'entrepris de prouver que le vieux Corneille n'était pas encore mort. J'attendis avec impatience le 26 janvier 1666 que mon *Agésilas* soit donné.

Comme j'étais en froid avec Molière, ce n'est point sa troupe qui le joua, mais celle de l'Hôtel de Bourgogne.

Las, les critiques m'éreintèrent. Pour eux, j'étais le poète de la vieille garde, de la vieille cour.

Je me mis au travail pour leur montrer qu'ils avaient tort et j'écrivis *Attila, roi des Huns*.

Molière, peut-être pour sceller la paix entre nous, insista pour jouer la pièce. J'ai un défaut. Je déteste les conflits et je suis fidèle en amitié. Je me fis cependant longuement prier, mais comme *Agésilas* n'avait point réussi à l'Hôtel de Bourgogne, j'acceptai qu'il la crée au Palais-Royal.

La première eut lieu le 4 mars 1667.

Ce ne fut pas un succès. Une fois encore, on reprocha à ma pièce d'être barbare et de ne plus répondre au goût de la cour.

En quatre vers, Boileau m'assassina :

Après l'Agésilas,
Hélas !
Mais après l'Attila,
Holà.

Autrefois, Boileau m'appréciait. À présent, il était tout acquis à Racine. J'étais devenu trop vieux pour ces jeunes gloires montantes.

Même Molière commença à se lasser de moi... Pourtant il connaissait mon œuvre par cœur pour l'avoir jouée des centaines de fois. Il lui arrivait même de m'emprunter quelques vers.

Cet échec fut difficile à supporter d'autant que, neuf mois plus tard, Racine triomphait avec *Andromaque.*

Partout l'on assura que cette pièce était l'égale de mon *Cid.* Certains même osèrent prétendre qu'elle lui était supérieure. Charles Perrault était de cet avis. On ne parlait plus que d'*Andromaque,* de son auteur et de la belle Marquise qui jouait dans la pièce et qui était la maîtresse de Racine !

Non seulement Racine me supplantait au théâtre, mais il me volait aussi Marquise ! Certes, Marquise ne m'avait jamais appartenu, mais je soupirai pour elle, j'avais écrit quelques beaux textes pour lui rendre hommage ! Et qu'elle soit dans la couche de ce Racine alors que je lui avais à peine effleuré la main m'était intolérable !

J'avais écrit vingt-neuf pièces. Le moment n'était-il pas venu de me retirer du théâtre ? Je décidais de me consacrer à la traduction de textes saints et à l'écriture de poèmes pour célébrer la gloire de Louis le plus grand des rois. Je poursuivis la traduction de *L'Imitation de Jésus-Christ* que j'avais entreprise depuis plusieurs mois. Les livres de piété sont très prisés et tous écrits en latin. J'étais persuadé que la langue de l'avenir était le français, il était donc important que les livres pieux, comme les autres, fussent facilement accessibles au plus grand nombre. Cette traduction serait l'œuvre de ma vie, celle qui me ferait gagner le paradis quand le théâtre me conduisait à l'enfer. Ce travail m'apporta une paix de l'âme fort agréable.

Durant l'été de l'année 1668, j'appris que ma bonne ville de Rouen était en proie à la peste qui, après dix-sept ans d'accalmie, avait atteint le port d'Amsterdam puis s'était propagée dans Amiens et Dieppe. Les pauvres y mouraient par milliers et les plus riches fuyaient se réfugier à la campagne. Marchés, cabarets, jeux de paume étaient désertés. La troupe de François Serdin qui se produisait à Rouen et dans la région n'avait plus de travail. Elle avait plusieurs fois interprété mes pièces et celles de Molière. Certains comédiens se rendirent à Paris et trouvèrent un engagement dans la troupe du Marais. Charles Chevillet, sieur de Champmeslé, et son épouse Marie, âgée de vingt-quatre ans, étaient de ceux-là.

17

Racine et Marquise

Avec le succès d'*Alexandre,* le talent de Racine est enfin reconnu... mais Port-Royal s'acharne contre lui et lui interdit de fouler le sol sacré du monastère, estimant que son théâtre fait de lui « un empoisonneur public ». Décidément, les préceptes de ce courant religieux sont par trop rigides ! Racine ne renie pas l'éducation qu'il y a reçue, mais le moment est venu de se libérer de l'emprise de Port-Royal.

Il est fort épris de Marquise et il suppose qu'elle l'est aussi, bien qu'elle ait une cour assez nombreuse de soupirants qu'elle reçoit dans sa belle demeure de la rue Richelieu. Leur liaison ne demeure point secrète longtemps. Elle fait même de nombreux envieux : Molière dont Marquise a été la comédienne fétiche, Corneille qui se console d'avoir été éconduit en produisant quelques vers assez beaux dans lesquels il qualifie Racine de « chagrinant rival »... et d'autres encore.

À la fin de l'année 1666, Marquise accouche d'une petite fille dont Racine est le père. La comédienne a déjà plusieurs enfants de son mari, Gros-René, mort en octobre 1664. Comme les précédents, et comme c'est l'usage, l'enfançon est mis en nourrice à la campagne. Il n'est point question qu'un maillot[1] s'accroche à la jupe de Marquise lorsqu'elle répète les pièces de son amant et hors de propos que ses cris perturbent le travail du dramaturge.

Au printemps 1667, Racine décide d'écrire une pièce dont elle sera l'héroïne. *Andromaque.*

Corneille vient de subir un cuisant échec avec *Attila.* Les goûts du public ont changé. Il souhaite à présent de la douceur, des sentiments et des larmes. Corneille n'est plus à la mode. Il est temps pour Racine de prouver qu'il est son successeur. Aussi bon que lui dans la versification mais bien meilleur dans les sentiments.

Madame[2], qui aime les tragédies, s'intéresse au thème choisi par Racine. Elle prend régulièrement des nouvelles de l'avancée de son travail et l'invite de temps à autre à venir lui faire la lecture de quelques scènes. Après que le roi a applaudi *Alexandre,* c'est un

1. Marmot.
2. Henriette d'Angleterre, épouse de Philippe d'Orléans, frère de Louis XIV.

grand honneur pour Racine que Madame s'intéresse à *Andromaque.*

— Vous savez rendre comme personne, monsieur, les désordres occasionnés par les passions contrariées, lui avoue la femme de Monsieur.

Elle sait de quoi elle parle. Henriette et le roi ont eu, autrefois, l'un pour l'autre, de tendres sentiments mais comme il était inconcevable que le roi courtise sa belle-sœur, on a poussé Louis dans les bras de Mlle de Lavallière. Henriette, hélas, doit se contenter de l'amitié de son époux qui s'adonne au vice italien.

Elle soupire avant d'ajouter :

— Ainsi Oreste aime Hermione qui aime Pyrrhus qui aime Andromaque qui aime Hector... Cette chaîne de sentiments est... sublime et si émouvante, si cruelle aussi...

Afin que Marquise soit parfaite dans ce rôle écrit pour elle, Racine l'oblige à abondamment répéter, insistant sur la diction pour qu'elle perde ce ton insipide acquis au contact de Molière. En quelques semaines, elle acquiert un phrasé harmonieux, un souffle puissant convenant aux tragédies.

La pièce est jouée pour la première fois le 17 novembre 1667 dans l'appartement de la reine où sont présents quantité de seigneurs et de dames de la Cour. Le roi y est et, bien sûr, Henriette d'Angleterre.

Racine tremble d'inquiétude, mais tout se déroule fort bien. Marquise est merveilleuse et très applaudie. Le roi est si satisfait qu'il augmente la pension du poète de 200 livres.

Et lorsque la pièce est jouée sur la scène, le public de l'Hôtel de Bourgogne lui réserve un accueil enthousiaste.

— Vous avez atteint votre cible ! On s'enflamme pour *Andromaque* comme on s'est enflammé pour *Le Cid* voici trente ans, s'enthousiasme Floridor.

— Et tu es bien plus jeune que Corneille lorsqu'il écrivit *Le Cid !* le flatte Marquise.

— Tu as été une sublime Andromaque et tout Paris est à tes pieds ! affirme-t-il en baisant la main de la comédienne.

— Cette pièce assurera votre renommée et celle de notre troupe, poursuit Floridor. Je gage que nous la jouerons longtemps. Tout Paris veut la voir !

Des esprits chagrins reprochent à Racine la trop grande violence de Pyrrhus, quand d'autres lui reprochent trop de galanteries. Le roi, Madame, la reine ont applaudi, le public est conquis, mais les jaloux ne lâchent pas prise.

— Je vais répondre à ces fâcheux par quelques épigrammes à ma façon !

Il en écrit d'assez cruelles qui font mouche !

Quelques jours plus tard, les comédiens du Palais-Royal donnent *La Folle Querelle,* une pièce raillant

Andromaque. L'œuvre est signée de Subligny[1], mais on y sent bien la patte de Molière.

— C'est une basse vengeance !

Néanmoins, la pièce est donnée plus de trente fois. Racine enrage :

— Tandis que mon *Andromaque* fait pleurer à l'Hôtel de Bourgogne, on rit d'elle au Palais-Royal !

Des voix s'élèvent pour certifier que Molière est bien meilleur dans le rire que Racine ne l'est dans les larmes.

Le groupe des quatre amis se modifie par la faute de Racine. Le Bonhomme La Fontaine, ignorant la haine et le ressentiment, demeure l'ami de Racine et celui de Molière. Le soir, Chapelle, Furetière, Boileau, Racine et La Fontaine se retrouvent toujours dans les cabarets pour continuer à parler théâtre, poésie, une chope à la main.

L'un d'entre eux lance à Racine, comme une boutade :

— Et pourquoi n'écrirais-tu point une farce ?

— Cela clouerait le bec, à coup sûr, aux mauvaises langues qui prétendent que tu ne sais pas faire rire, mais uniquement pleurer, ajoute Furetière.

— Nous pouvons te conter mille anecdotes comiques pour nourrir ton inspiration, assure Boileau.

Ce qu'ils font avec zèle.

1. Adrien Thomas Perdou de Subligny (1636-1696), acteur et écrivain. Il a 3 ans de plus que Racine.

Racine leur promet une farce qu'il donnera aux Comédiens italiens, fort appréciés du roi. Ils partagent depuis 1661 le théâtre du Palais-Royal avec Molière.

— Quel pied de nez à Molière ! déclare Chapelle.

Quelques semaines plus tard, après la représentation d'*Andromaque,* Racine, Floridor et les comédiens se rendent au Mouton Blanc pour boire un verre ensemble :

— Je termine l'écriture d'une comédie inspirée des *Guêpes* d'Aristophane, leur annonce Racine.

— Une comédie ! Voilà ce qu'il nous faut pour attirer à l'Hôtel de Bourgogne un nouveau public ! s'enthousiasme Floridor.

— Crois-tu ?

— Certes. Et c'en serait enfin terminé du monopole de Molière sur la comédie !

Les Plaideurs sont donc joués par les comédiens de l'Hôtel de Bourgogne en novembre 1668.

Las, le public, sans doute dérouté par cette comédie donnée dans un lieu voué à la tragédie, siffle la pièce.

Racine en est cruellement blessé.

Il est certain que sur le banc redoutable, Molière et les comédiens de sa troupe s'en sont donnés à cœur joie pour huer les acteurs et entraîner le public avec eux. On rapporte même à Racine que Molière a affirmé que cette pièce ne valait rien.

De fait, elle est arrêtée après la deuxième représentation.

— Molière doit pavoiser ! Je m'essaie à la comédie et j'échoue ! Jamais je ne me relèverai de cette honte !

Un mois plus tard, il s'agit d'établir un programme afin de divertir le roi. Une tragédie est choisie, mais après les larmes, il est de bon goût de terminer par le rire. Floridor propose la dernière pièce que les comédiens ont apprise et que le roi ne connaît pas encore : *Les Plaideurs.*

N'ayant point été convié à cette fête royale et ignorant tout des intentions de Floridor, Racine est, ce soir-là, resté chez lui, rue Montorgueil, lorsque sur le coup de minuit, trois carrosses s'arrêtent devant sa porte en réveillant le voisinage. Les voitures déversent les comédiens de Floridor qui, pour plaisanter, se mettent à crier des mots relatifs à la justice et aux plaideurs. Les fenêtres s'ouvrent et beaucoup de curieux croient que l'on vient arrêter le poète pour avoir mal parlé des juges.

Racine, qui a reconnu les comédiens, les invite à monter dans sa chambre et Floridor lui explique :

— Nous venons de jouer *Les Plaideurs* à Versailles. Le roi a beaucoup ri !

— Vraiment ?

— Et ceux qui, au théâtre, avaient dénigré la pièce pour monter une cabale se sont laissés aller à l'hilarité sans se forcer ! ajoute un comédien.

Racine va chercher une bouteille de vin pour fêter ce succès.

— Dès demain, nous reprendrons *Les Plaideurs* au Théâtre et la salle sera comble ! annonce Floridor.

Elle l'est, et pendant de nombreux jours. Le public, autorisé par le roi à s'esclaffer sur les juges dont on connaît la puissance, ne se prive pas de ce plaisir.

Racine jubile.

Il a évincé Corneille qui ne jure que par le théâtre antique, égalé Molière dans l'amusement et dépassé Quinault.

Avec Marquise, il célèbre le succès des *Plaideurs*. Elle est au sommet de sa gloire. Ils sont jeunes et ont l'avenir devant eux.

Rien ne peut plus arrêter leur ascension et leur bonheur !

18

Les Fables de La Fontaine

Après avoir obtenu le privilège[1] pour l'impression de ses *Fables,* La Fontaine les publie le 31 mars 1668 sous le titre *Fables choisies mises en vers par Monsieur de La Fontaine.* Le recueil comporte vingt-six fables qu'il dédie à Louis de Bourbon, dauphin de France, âgé de sept ans.

Il dédie sa fable « L'Homme et son Image » à son ami le duc de La Rochefoucauld[2]. Ce dernier vient de publier *Réflexions ou sentences et maximes morales,* dont il a régalé les salons littéraires où se rencontrent les beaux esprits. Mme de La Fayette et Mme de Sévigné sont très friandes de ces textes courts et acérés.

D'ailleurs, *Le Lion amoureux* est dédié à Mlle de Sévigné, la plus belle fille de France dont la froideur

1. Avant toute publication, il fallait demander et obtenir un privilège, une autorisation, pour l'impression.

2. François VI, duc de La Rochefoucauld (1613-1680), écrivain moraliste. Il a 8 ans de plus que La Fontaine.

tient ses nombreux admirateurs en respect. La Fontaine qui a établi avec la marquise et sa fille des liens amicaux depuis qu'il les a rencontrées plusieurs fois chez le surintendant Fouquet espère réussir, grâce à ses vers, à émouvoir la demoiselle. C'est un défi à sa mesure...

Le succès des *Fables* est immédiat.

Si ses contes avaient terni la réputation de La Fontaine, les fables le mettent sous la protection des honnêtes gens.

En avril, il loue une voiture place du Palais-Royal pour se rendre à Saint-Germain afin de présenter son ouvrage au roi. Ce dernier ayant eu la bonté d'accepter que son recueil soit dédié à son fils, il se doit de l'en remercier.

M. Bontemps, premier valet de chambre, lui fait admirer les jardins et les appartements et le présente chaque fois qu'ils croisent un gentilhomme.

— Messieurs, voilà M. de La Fontaine.

Ce dernier a soudainement l'impression d'être quelqu'un d'important, ce qui est bien agréable, même si l'on est modeste.

Le roi le reçoit avec bonté, mais La Fontaine est si intimidé qu'il tend son recueil en prononçant une phrase des plus banales.

Il est ensuite invité à un grand dîner où, selon son habitude, il tache son habit en mangeant ! Puis on lui remet une bourse de mille pistoles !

Enfin, son talent est reconnu !

Il esquisse même quelques pas de danse en revenant prendre le fiacre pour regagner son logis et tout le long du chemin, il rêve à cette nouvelle faveur qui le place sur un pied d'égalité avec ses amis : Racine, Molière et même le vieux Corneille. Enivré par sa gloire, il descend du fiacre et entre chez lui en claironnant :

— Le roi m'a reçu, il aime mes fables, ma gloire est assurée, je suis riche !

En disant cela, il s'aperçoit qu'il n'a point le sac de pistoles à la main. L'horreur de sa situation le frappe. Il l'a oublié dans le fiacre !

Il court dehors. Plus de fiacre !

— Seigneur ! J'avais pourtant bien besoin de cet argent ! C'est plus que la vente de mes œuvres ne pourra jamais me rapporter !

— Comment était le fiacre ? le questionne son valet.

— Les chevaux étaient baies... le cocher avait un curieux accent... et...

— Vite, allons place du Palais-Royal d'où partent tous les fiacres.

Ils s'y précipitent. Mais quelle chance ont-ils de retrouver cet argent ? Le voyageur suivant a dû s'en emparer, heureux de cette aubaine ! La Fontaine maudit son inconscience et sa distraction !

Ils interrogent tous les fiacres, se lamentent, se désespèrent... et soudain, La Fontaine reconnaît les chevaux et le cocher ! Il s'engouffre à l'intérieur. Rien. Pas de sac. Comme il le redoutait, on le lui a volé ! Néanmoins, il soulève le coussin et là...

— Mon sac ! Il a glissé derrière le coussin et personne ne l'a vu !

Et c'est tout heureux qu'il regagne son domicile.

Il va enfin pouvoir s'acquitter de ses nombreuses dettes, offrir quelques bons repas à ses amis, remplacer ses hardes élimées, et subvenir à ses besoins pendant plusieurs mois ! C'est qu'il ne roule pas sur l'or ! Et pour cause. Les revenus de sa charge de maître des Eaux et Forêts sont des plus modestes et il dépense plus qu'il ne gagne dans les cabarets à jouer à la bassette[1].

Cependant, La Fontaine considère les fables comme des œuvres mineures. Son dessein est de produire un roman dans l'air du temps : les romans galants sont à la mode. Il travaille depuis plusieurs années, au rythme lent qui est le sien, sur le thème des amours de Psyché et Cupidon. Il espère que cette œuvre séduira définitivement le roi et il lui fera oublier *Le Songe de Vaux* et son attachement à Fouquet.

1. Jeu de cartes à la mode au XVIIe siècle.

Il dédie *Les Amours de Psyché* à Mme la duchesse de Bouillon qui lui a inspiré le roman et le fait publier en janvier 1669.

Rien ne se déroule comme prévu. Le roi n'est point sensible à cette flatterie et les lecteurs se perdent dans les trop longues digressions. Son éditeur est profondément déçu par le chiffre des ventes. Il espérait réaliser le même score qu'avec les *Fables* qui connaissent de nombreuses rééditions dont les ventes seraient encore décuplées s'il n'y avait pas les contrefaçons et les tirages clandestins !

L'échec de *Psyché* n'affecte cependant point La Fontaine outre mesure. C'est un sage et pourvu qu'il puisse rêver, boire, manger, dormir dans un bon lit, prendre un peu de plaisir avec une dame, il est heureux.

Le drame qui a frappé Racine peu de temps auparavant est bien plus cruel ! Et il soutient son ami de son mieux.

Lors d'une soirée au Mouton Blanc, Molière confie à ses amis :

— Il me paraît que le thème de *Psyché* ferait une belle tragédie-ballet.

— Je vous le laisse sans regret..., lui répond La Fontaine.

Pourtant, La Fontaine connaît à nouveau de graves soucis d'argent. Ses affaires sont fort embrouillées car s'en occuper l'ennuie et les gens avec qui il traite se jouent de sa bonhomie et de son laxisme.

Ainsi, il vend pour rien ses charges et se retrouve sans revenus... À présent, il ne peut compter que sur ses écrits et puisque le roi, le public, son éditeur aiment les *Fables,* il se remet au travail.

19

Molière
L'Imposteur

Le 4 août 1667, *L'Imposteur,* dans sa nouvelle version, est donné au théâtre du Palais-Royal. Le public s'y précipite. C'est un succès.

Molière croit avoir gagné la partie.

Las, dès le 6 août, un huissier du Parlement vient lui notifier l'interdiction de jouer la pièce. Les affiches sont lacérées et le théâtre est gardé par des hommes en armes.

— Le roi m'a autorisé à jouer cette pièce ! s'insurge Molière.

Mais le roi est à la guerre en Flandres et c'est Lamoignon, président du Parlement et membre de la Compagnie du Saint-Sacrement[1] qui, ayant reçu tous les pouvoirs pour assurer l'ordre à l'intérieur

1. Fondée en 1630, elle a pour mission de « faire tout le bien possible et éloigner tout le mal possible ».

du royaume, interdit la pièce à laquelle il s'était déjà farouchement opposé.

— Montrez-moi cette autorisation, monsieur, demande-t-il à Molière.

— Sa Majesté n'a point eu le temps de l'écrire... il m'en a fait part verbalement.

— Dans ce cas, vous ne pouvez plus jouer cette pièce sous peine de poursuites.

Molière est atterré. Il charge ses deux comédiens les plus distingués, La Grange et La Thorillière, de porter une supplique au roi qui se trouve avec Turenne au siège de Lille. Le roi leur fait répondre que, dès son retour, il examinera la pièce.

Les dévots continuent à se déchaîner. L'archevêque de Paris interdit *L'Imposteur* sous peine d'excommunication.

Boileau, l'ami fidèle, prend la défense de Molière et lui obtient même un entretien avec Lamoignon afin qu'il plaide sa cause. Las, Lamoignon parle au comédien avec tant de morgue que celui-ci, décontenancé, ne peut que bredouiller des explications confuses.

Dépité, malade, Molière renonce. Il abandonne sa troupe et le théâtre et se retire dans sa maison de campagne d'Auteuil.

Il aime ce lieu calme.

Ses amis, La Fontaine, Mignard, Boileau, Chapelle et même Lully prennent le coche d'eau pour lui rendre visite et profiter de sa table généreuse. Molière, malade, suit les conseils des médecins, se contente de laitages et se couche tôt, mais la satisfaction de ses convives le comble.

Molière est admiratif du bel esprit de Chapelle. Malheureusement, le poète est un ivrogne et un débauché.

— Ah, mon ami, si vous abandonniez un peu la bouteille et le cotillon des filles ! le tance Molière.

— Je ne puis ! Je préfère les verres aux vers et je dois en profiter avant que les vers ne me rongent !

La compagnie s'esclaffe et félicite Chapelle :

— La postérité gardera votre nom, mon ami, alors qu'il n'est point sûr du tout qu'elle se souvienne du mien, affirme Boileau.

— Voyons, vos satires sont encensées par tous ! Et même Mme de Sévigné, qui ne jure que par Corneille, trouve sublime votre manière d'écrire !

— Mes satires sont si peu de chose... ce n'est point du théâtre, pas du roman et pas même de la poésie...

— Ah, vous êtes bien trop modeste, lui dit Molière en lui tapant fraternellement sur l'épaule.

En s'inspirant de Plaute, Molière travaille sur le thème mythologique d'*Amphitryon*. Il espère que cette comédie plaira au roi. Si elle plaît, peut-être que...

C'est une pièce à machines[1]. Les décors sont somptueux. Elle est créée le 13 janvier 1668.

Le succès n'est pas au rendez-vous.

La troupe de Molière s'inquiète. Le théâtre ferme ses portes pour la trêve annuelle de Pâques[2]. Il est urgent qu'un succès vienne renflouer les caisses.

Fort heureusement, Louis XIV, au faîte de sa gloire, charge Colbert d'organiser un grand divertissement royal pour célébrer la paix d'Aix-la-Chapelle.

Molière s'inspire d'une farce qu'il a déjà jouée en province et il écrit *George Dandin ou le Mari confondu.* C'est une comédie-ballet. Lully compose les musiques.

Elle est créée à Versailles le soir du 18 juillet 1668 sur un théâtre dressé dans la grande allée.

La comédie est portée par les intermèdes chantés, les ballets, une impressionnante machinerie et se termine en apothéose.

Mais si on lui enlève tous ces artifices, la pièce est plus un drame qu'une comédie.

Molière n'a guère le cœur à rire.

Il s'épuise au travail pour écrire *Harpagon,* un autre thème emprunté à Plaute mais qu'il enrichit de son

1. Une pièce à machines est une pièce de théâtre qui accorde une grande importance à des effets de mise en scène spectaculaires.

2. Les théâtres ne donnaient aucune représentation pendant les quarante jours de Carême.

expérience personnelle. Comme il a de fréquentes quintes de toux, il affuble son Harpagon d'une fluxion de poitrine... Ainsi, s'il tousse pendant la pièce, cela fera partie du personnage.

Las, le public accueille froidement cette pièce. Il veut bien rire d'un mari trompé, d'un valet bastonné, d'une bonne farce, mais il juge contraire aux convenances de montrer une famille désunie par la haine et la duplicité.

— C'est une excellente pièce, assure Boileau pour réconforter Molière. Pour l'heure le parterre n'est pas disposé à entendre la vérité que tu lui assènes... mais je gage que cette pièce participera à assurer ta renommée !

— Ah, puisses-tu dire vrai... je suis si las... et j'ai l'impression que, en dehors des farces, je ne fais rien de bon... enfin rien qui ne plaise...

— Je te le répète, mon ami, tu uses ta santé sur les planches, contente-toi d'écrire, et laisse aux autres le travail d'interprétation.

— Tu as raison. Je suis à bout. Je vais écouter tes sages conseils.

Molière ne tient pas parole car le roi vient enfin d'autoriser la pièce *L'Imposteur.*

La première a lieu au Palais-Royal le 5 février 1669 sous le double titre *L'Imposteur ou Tartuffe.* Molière y joue le rôle d'Orgon, le bourgeois naïf sous la coupe du faux dévot, Tartuffe.

Une foule nombreuse y assiste. Le succès est retentissant.

Tartuffe reste à l'affiche jusqu'à la fermeture annuelle de Pâques, le 9 avril !

20

Racine et Marquise
Britannicus

Depuis plusieurs mois déjà, Marquise reçoit chez elle une certaine devineresse avorteuse qui a nom Catherine Monvoisin. Se faire prédire l'avenir, acheter des philtres d'amour ou des poudres de succession est à la mode chez les gens de qualité. Racine déteste ce genre de pratique. Lorsqu'il apprend, par hasard, que Marquise s'y adonne, il entre dans une violente colère :

— Je t'interdis de revoir cette femme ! Elle te conduira tout droit en enfer !

— J'agis comme bon me semble ! Catherine reçoit chez elle Mme de Montespan, la comtesse de Soissons, Mme de Thianges et c'est un honneur pour moi qu'elle accepte d'être mon amie.

Il s'adoucit et prêche le faux pour savoir le vrai :

— Marquise, tu es une grande comédienne, sans doute même la plus grande du moment, tu n'as pas besoin de poudre prétendument magique pour séduire le public.

Elle le rabroue :

— Il ne s'agit point de cela...

— Tu veux me quitter, n'est-ce pas ? Pour... pour épouser Hardouin de Genlis qui te courtise avec assiduité ?

— C'est pour moi un excellent établissement ! En étant accueillie par une illustre famille, je quitte le statut de saltimbanque. Une alliance pareille ne se refuse pas.

Quelque temps plus tard, la santé de Marquise s'altère. Elle n'a pas assisté au grand divertissement donné à Versailles en juillet pour célébrer la paix d'Aix-la-Chapelle. Elle devient fiévreuse, perd beaucoup de sang et s'affaiblit rapidement. Racine court rue Richelieu à son chevet. Lorsqu'il la voit, il comprend immédiatement qu'elle est perdue. Elle le supplie d'appeler la Voisin :

— Elle seule peut me sauver ! souffle-t-elle.

Il refuse.

— Je parie que ce sont les potions de cette diablesse qui t'ont mise dans ce triste état !

— Elle a voulu me tirer de la pénible situation où j'étais... il semble qu'elle ait échoué et je paye à présent bien cher le crime que j'ai commis[1]...

1. Il semble que Marquise soit morte à la suite d'un avortement.

Il l'enlace pour la retenir à la vie. Lorsqu'elle est à la dernière extrémité, il appelle le curé de sa paroisse. Afin de pouvoir être enterré en terre chrétienne, celui-ci exhorte la comédienne à la renonciation qu'elle prononce d'une voix éteinte :

— Je jure devant Dieu de ne plus jouer la comédie le reste de ma vie et quand bien même il plairait à Son Infinie Bonté de me rendre la santé.

Marquise s'éteint le 11 décembre 1668.

Les sanglots submergent Racine. Elle a été son premier véritable amour. Il lui semble que sa jeunesse et son insouciance s'envolent avec elle... et il a une pensée émue pour leur fille, cette fillette d'à peine deux ans qui perd sa mère.

Le convoi funèbre qui conduit Marquise au cimetière est suivi par de nombreux admirateurs, des comédiens, des poètes, des peintres, des écrivains, mais Racine y remarque surtout Pierre et Thomas Corneille, Molière aussi. Sans se parler toutefois, ils échangent un regard. Mais Racine est si perturbé qu'il ne cherche pas à savoir s'il contient de la compassion, de l'indifférence ou de la haine.

Le début de l'année 1669 est lugubre. Les cabarets même ne l'attirent plus et il reste enfermé chez lui avec ses souvenirs.

Il n'assiste point le 5 février au *Tartuffe* de Molière, enfin autorisé par le roi après quatre années d'interdiction, mais il a ouï-dire que c'est un succès.

La Fontaine lui apporte *Les Amours de Psyché et Cupidon* qu'il vient de publier et dont ils se sont longuement entretenus au cours de nombreuses soirées. Racine félicite son ami, puis ils bavardent un moment.

— Il faut te remettre à l'écriture, c'est le théâtre qui te sortira de ton chagrin, prétend La Fontaine.

— J'ai l'esprit vide de poésie et plein de larmes.

— Allons, le théâtre a besoin de toi. Tu ne vas pas laisser la place aux Corneille, tout de même ! Thomas vient de donner *Le Baron d'Albikrac* et on m'a rapporté qu'il préparait un *Hannibal.* Et il est à parier que Corneille l'aîné a une pièce sur sa table !

La Fontaine a trouvé les mots justes. L'orgueil de Racine se rebelle. A-t-il le droit d'abandonner la place aux Corneille et à Molière ? S'il ne donne pas sous peu une nouvelle pièce, il sera rapidement oublié ! Corneille en a déjà produit plus de trente, son frère presque autant, et il n'en a fait que trois en oubliant l'échec de *La Thébaïde.*

Racine se met au travail avant que La Fontaine n'ait atteint le fiacre qui le ramène chez lui.

Il a en tête depuis quelques mois déjà le sujet de *Britannicus,* emprunté à Tacite. Il a, jusqu'à ce jour d'hui, exploré la Grèce, il va donc se plonger dans Rome, le domaine de Corneille. Il entend bien détrôner son rival. Il ne supporte pas de n'être que le second ! Il doit prouver qu'il peut, sur le propre terrain de Corneille, être le meilleur.

On a reproché à *Andromaque* de n'être qu'une pièce galante, rien de tel ne paraîtra dans *Britannicus* !

Il écrit, rature, réécrit. Cette pièce doit approcher la perfection et faire oublier Corneille pour que plus jamais les critiques ne le nomment le Grand Auteur.

Racine se choisit un allié précieux à qui il dédicace la pièce : Monseigneur le duc de Chevreuse, un ami connu lorsqu'ils étudiaient à Port-Royal et qui l'a, un temps, hébergé à l'Hôtel de Luynes. Deux ans auparavant, le duc a épousé la fille aînée de Colbert. Chevreuse a la bonté de lire sa pièce au ministre qui la trouve très à son goût.

Il ne reste plus qu'à convaincre Sa Majesté et c'est la gloire à coup sûr !

Il ne doute point d'y réussir. Il y a dans *Britannicus* beaucoup de similitudes avec ce qu'a vécu le roi durant la Fronde. Sa Majesté peut se reconnaître dans Néron : il goûte particulièrement les vers que Racine met dans la bouche de ce héros. Les dames de la cour, les gentilshommes peuvent s'imaginer que ce sont eux qu'il décrit dans les autres personnages. Mais, afin que ce parallèle ne tourne pas à son désavantage, Racine assure partout que le cruel Néron n'est pas Louis XIV !

Enfin, la représentation a lieu le 13 décembre 1669.

Une foule immense se presse au théâtre : elle vient soit par intérêt pour l'œuvre du jeune dramaturge, soit par curiosité afin de voir ce qu'il est capable de produire après le chagrin de la perte de Marquise. Tout Paris est au courant ! Les gazettes ont fait leur travail, certaines pour le plaindre, beaucoup pour se gausser.

Certes, il y a des applaudissements, mais pas la fièvre de l'enthousiasme que Racine espérait. Il est mortifié et terriblement humilié.

— Cette pièce est ce que je peux faire de mieux ! Ces sots n'y connaissent rien ! se plaint-il à Boileau.

— Je crois que ce soir le public a été désarçonné parce que Floridor, leur acteur préféré, incarnait le personnage antipathique de Néron.

— Il ne s'agit point de cela ! Mlle Des Œillets était parfaite en Agrippine et Mlle d'Ennebaut a interprété une fort agréable Junie !

— Tu as raison. Cette pièce est un chef-d'œuvre et je gage que d'ici peu ceux qui l'ont dédaignée vont se bousculer pour venir la voir. Il paraît que Corneille a assisté à la première, seul dans sa loge.

Racine se plaît à penser qu'en connaisseur, le maître a apprécié son travail. Cependant, sans doute furieux de constater que cette pièce vaut les siennes, dès le lendemain, il cherche noise à Racine en affirmant qu'il n'a point respecté la vérité historique et que

Britannicus avait quinze ans et non dix-sept comme la pièce le dit.

Racine réplique bientôt dans la préface de sa pièce publiée quelques mois plus tard :

— Vous ne manquez point d'audace à ergoter pour deux ans quand vous avez pris la liberté de faire régner vingt ans l'empereur Héraclius qui n'en a régné que huit !

Racine aurait pu être blâmé par le roi d'oser critiquer le Grand Auteur. Il n'en est rien. Au contraire même, Sa Majesté lui octroie une gratification de 1 500 livres en considération des belles pièces de théâtre qu'il donne au public.

Mais Corneille et ses amis n'ont de cesse de dénigrer la pièce.

Cette fois, il s'agit bien d'une déclaration de guerre entre les deux dramaturges !

21

Molière
M. de Pourceaugnac

En septembre 1669, le roi qui s'est installé à Chambord pour la chasse appelle son comédien et son musicien préférés pour le distraire. Molière n'a rien écrit de nouveau. Mais le roi ne saurait se contenter d'une pièce déjà vue. Alors, dans sa chambre que l'humidité de la forêt rend glaciale, Molière se met au travail. Le roi veut s'amuser. Il va donc écrire une farce : *Monsieur de Pourceaugnac.*

Lully compose musique et ballets et se réserve le rôle de l'apothicaire.

Le soir de la représentation, Lully se rend compte que le roi, sans doute fatigué par sa journée de chasse, a du mal à se dérider, il saute alors à pieds joints sur le clavecin qui s'écroule, déclenchant enfin le rire du souverain.

Louis XIV et la cour rient et applaudissent.

— Ah, Molière, il n'y a que vous pour nous distraire de la sorte ! le félicite le roi.

Molière s'incline. Mais il regrette que le roi ne soit sensible qu'à ses grosses farces sans finesse et qu'il dédaigne les pièces à message.

Le désespoir l'envahit, son caractère s'aigrit.

Pour le carnaval de l'année 1670, le roi dit à Molière :

— Faites-moi quelque chose de beau, de léger, de grandiose... mêlez-y Apollon et Neptune, des tritons, des amours... que ce soit éblouissant !

Les Amants magnifiques est une comédie-ballet avec d'importantes machines, des décors superbes, des costumes somptueux. Le roi y danse avec trois brillants courtisans et trois professionnels sur les musiques du divin Lully. Il est Neptune puis Apollon. Le roi a répété son rôle au point de s'en rendre malade, mais il a atteint ses limites de danseur. Il sait que le moment est venu pour lui de laisser la scène aux professionnels. C'est la dernière fois que le roi se produit sur une scène.

Quant à Molière, il s'est attribué le rôle du bouffon.

Après tout, n'est-ce pas ce qu'il est : le bouffon du roi ?

Un événement redonne un peu d'allant à Molière : Michel Baron, maintenant âgé de dix-sept ans, revient dans la troupe. Molière l'accueille à bras ouverts. C'est un peu le retour du fils prodigue !

Molière a plusieurs fois admiré, au théâtre du Marais, une nouvelle comédienne dont on commence à beaucoup parler : la Champmeslé. Grâce à son talent, les pièces de l'abbé Boyer comme celles du jeune Donneau de Visé[1] font salles pleines. Elle et son époux viennent d'être engagés par l'Hôtel de Bourgogne. C'est une consécration ! Molière entraîne donc Baron pour assister à une comédie et prendre ensuite plaisir à traîner dans les coulisses pour approcher les comédiennes.

Le Palais-Royal ne désemplit pas non plus. La troupe joue avec succès diverses pièces du répertoire. Baron est fort applaudi. Molière en est aussi fier que s'il s'agissait de son fils.

1. Jean Donneau de Visé (1638-1710), auteur dramatique. Il a 16 ans de moins que Molière.

22

RACINE
Bérénice

Le demi-échec de *Britannicus* rend Racine furieux ! Il avait escompté écraser son rival et il ne l'a que bousculé.

Henriette d'Angleterre à qui il a dédicacé *Andromaque* trois ans plus tôt charge le marquis de Dangeau de lui proposer le sujet d'une pièce : « les adieux de Titus à Bérénice ». Il comprend qu'il s'agit pour cette princesse de voir traiter sur une scène les sentiments qu'elle a eus pour le roi et l'inclination secrète qu'il a ressentie pour sa belle-sœur.

Racine se met immédiatement au travail.

C'est à peu près à ce moment-là qu'il rencontre celle qui va enflammer ses sens comme Marquise l'a fait.

Boileau et La Fontaine l'entraînent un soir à la représentation d'*Andromaque*.

Redoutant de se laisser distraire trop longuement, il ironise d'un ton bougon :

— Je connais la pièce !

— Nous aussi ! mais nous y allons pour voir une débutante de vingt-huit ans à peine dont tout le monde parle.

— Une débutante, pour ma pièce, c'est intolérable !

— On dit qu'elle a du talent et nous voulons en juger par nous-même... nous discuterons ensuite de ses mérites en soupant au Mouton Blanc !

Comment résister à une proposition si alléchante ?

En vérité, le jeu de l'actrice ne le séduit point. Elle manque de puissance et ne sait point déclamer, mais elle a une taille avantageuse qui lui donne une grâce naturelle. Il juge qu'avec quelques leçons, elle sera l'interprète parfaite de Bérénice. À la fin de la représentation, il se précipite dans sa loge :

— Ah, mademoiselle, votre talent n'a d'égal que votre beauté !

Elle accepte son compliment d'un sourire.

— Je suis l'auteur de la pièce que vous venez d'interpréter si... si magistralement, ment-il, troublé par le sourire enjôleur qu'elle lui a adressé.

— Quel bonheur, monsieur, de servir un tel chef-d'œuvre ! minaude-t-elle.

— J'aimerais que vous soyez l'héroïne de ma prochaine pièce.

— Ce serait un grand honneur !

— Accepterez-vous de venir dîner avec quelques amis afin que nous fassions plus ample connaissance ?

Elle lui désigne alors un homme assis dans un coin de la loge et qu'il a pris pour l'un de ses admirateurs :

— Mon mari, Charles Chevillet, sieur de Champmeslé, comédien lui aussi, sera heureux de se joindre à nous.

— Votre... votre mari ? bredouille-t-il, surpris. Certes... plus on est de fous, plus on rit !

À présent, il a trouvé qui jouera sa Bérénice.

Au fur et à mesure de l'avancée de la pièce, il fait travailler Marie, analysant pour elle les situations de chaque scène, de chaque personnage, lui expliquant les vers, lui montrant les gestes à effectuer, lui donnant le ton des répliques. Elle est jeune, vive, docile et appliquée. Il s'éprend d'elle. Il a la faiblesse de croire qu'il n'est pas, pour elle, uniquement celui qui lui écrit un grand rôle, mais qu'elle aussi tombe sous son charme.

Qu'elle soit mariée est, après tout, un avantage. Elle ne lui réclamera point comme l'a fait Marquise souventes fois le mariage auquel il se refuse. Il ne veut point cette sorte de lien qui, il en est certain, entrave son pouvoir de création. Être dans l'obligation d'écrire une pièce par an pour nourrir sa famille et établir ses enfants comme le bonhomme Corneille est sa hantise ! Seule la gloire le comble et elle ne s'accorde pas avec la tenue d'un ménage ! Et puis, franchement, un homme comme lui épouse-t-il une comédienne ? Lorsque le moment sera venu, il fera un beau mariage avec une demoiselle bien née ayant une belle dot.

L'époux n'est point encombrant et pourvu qu'on l'invite à dîner et à boire avec des gentilshommes et des gens de lettres, à qui il se plaît à s'identifier, il s'accommode assez bien d'être cocu ! Lui-même, d'ailleurs, soulève allègrement les cotillons des demoiselles. Boileau, La Fontaine, Ninon de Lenclos, Charles de Sévigné le fils de la marquise, le comte de Clermont-Tonnerre participent à ces soirées.

Et puis, un jour, Racine apprend que Corneille écrit également une *Bérénice.* Il explose de colère :

— Il a eu vent de mon projet et, en manque d'inspiration, il me vole mon sujet !

— J'ai ouï-dire, lui apprend Boileau, que Madame vous a soufflé le sujet à tous les deux afin de pouvoir juger qui le traitera le mieux !

— Une telle félonie serait-elle possible ?

— Les gens huppés aiment à se divertir...

— Ce ne sera pas la première fois qu'un même thème est abordé par deux auteurs différents ! Mon *Alexandre le Grand* a triomphé en son temps quand celui de Boyer a été un échec, se vante Racine.

— Boyer n'a rien du grand Corneille, lâche Boileau, un sourire en coin aux lèvres.

Veut-il provoquer une réaction de la part de Racine ? Il y réussit !

— Dussé-je ne point dormir durant des nuits, ne plus manger, ne plus sortir, je veux que ma pièce soit terminée et jouée avant celle de Corneille !

— Voilà une excellente décision. Et puis, toi tu as la Champmeslé et les Grands Comédiens de l'Hôtel de Bourgogne, c'est un atout sérieux !

— Il est vrai. J'ai beaucoup fait travailler Marie... elle est parfaite.

Boileau sourit et ajoute en tapant sur l'épaule de son ami :

— Et je parie même qu'elle est parfaite dans beaucoup d'autres domaines !

Le 21 novembre 1670, *Bérénice* est jouée à l'Hôtel de Bourgogne.

On y pleure beaucoup. C'est ce que cherchent les dames, les mondains et la jeune cour. C'est donc un triomphe. Marie y excelle en tout point dans le rôle de Bérénice, mais on reproche à l'auteur d'avoir créé le personnage d'Antiochus pour donner un rôle à son mari, ce qui n'est point tout à fait faux. Il faut bien sauver les apparences.

On rapporte à Racine que Sa Majesté a été quelque peu incommodée par les larmes trop vives de certaines dames et qu'il s'en est moqué en confiant à son médecin en sortant du spectacle :

— J'ai été sur le point de vous envoyer chercher pour secourir une princesse qui voulait mourir sans savoir comment !

Afin que le roi s'identifie à Titus, Racine, habilement, fait dire à son personnage lorsqu'il quitte Bérénice : « *Vous êtes empereur, seigneur, et vous pleurez !* » Le roi en 1659 a dû se séparer de son amour de jeunesse Marie Mancini. Celle-ci lui aurait alors glissé : « *Vous pleurez, et vous êtes le maître.* »[1]

C'est une façon magistrale de faire sa cour. Elle réussit fort bien.

Le 28 novembre, les comédiens du Palais-Royal donnent *Tite et Bérénice.*

Racine y assiste bien sûr, comme Corneille, il en est persuadé, a assisté au triomphe de sa *Bérénice.* Il n'apprécie point la façon de prononcer les vers des comédiens de Molière, cela gâte la pièce. Les Grands Comédiens sont bien meilleurs et c'est une chance pour lui.

La pièce n'est point mauvaise, mais elle souffre des mêmes défauts que les précédentes : Corneille ne sait point exposer la tendresse. Il fait fi de la simplicité

1. Lire *L'Enfance du Soleil.*

et du vraisemblable pour s'embarrasser de l'extraordinaire. Or l'extraordinaire n'a point sa place dans la bonne tragédie. Il faut en tout point respecter l'unité de lieu, l'unité de temps et l'unité d'action.

Racine a su fort bien appliquer cette règle puisque sa pièce se joue dans le cabinet situé entre l'appartement de Titus et celui de Bérénice et que l'action se déroule en vingt-quatre heures.

Il aimerait qu'on le reconnaisse enfin comme le maître de la tragédie !

Las, ni Racine ni Corneille n'ont su quelle Bérénice a eu la faveur de Madame, et à qui cette princesse aurait attribué le titre de meilleur poète de tragédie car elle est morte dans de bien étranges circonstances le 30 juin 1670. La rumeur court qu'elle a été empoisonnée.

Parfois la réalité dépasse ce qu'un auteur de théâtre peut imaginer.

Racine ressent cruellement la perte de cette princesse qui a montré de l'intérêt pour ses œuvres et de la sympathie pour le jeune poète.

Quoi qu'il en soit, *Bérénice* est jouée durant deux mois sans interruption avec le même succès. Racine n'est-il pas sur le point de prendre la place du vieux Corneille ?

23

CORNEILLE
Tite et Bérénice

Marquise était morte !

La nouvelle m'avait fracassé et pourtant, il avait fallu que je garde calme et raison.

Molière, Thomas et moi l'avions accompagnée au cimetière avec des larmes retenues, mais Racine était effondré. Il perdait son actrice et sa maîtresse.

La belle ne dirait plus nos vers et c'était une immense perte pour le théâtre.

Peu de temps après ce drame, Henriette d'Angleterre, par l'intermédiaire du marquis de Dangeau, me suggéra le thème d'une pièce : la séparation historique de Titus et Bérénice. Il s'agissait en fait de célébrer secrètement les amours du roi pour sa belle-sœur. Pour lui être agréable, je me mis à l'ouvrage. Je n'avais point écrit de théâtre depuis bientôt deux ans et l'envie de m'y remettre me taraudait.

J'appris que Racine écrivait sur le même thème.

J'allais prouver que malgré mon âge, j'étais meilleur que lui.

Molière insista pour monter la pièce et y investit une grosse somme. La rivalité entre lui et Racine s'était exacerbée. Le rôle de Domitian fut confié à son protégé, Michel Baron. Un soir que j'étais invité à souper chez Molière, le jeune garçon me sauta au cou. Il m'aimait bien. Il voyait sans doute en moi le père qu'il n'avait point eu. Il me demanda de lui expliquer quatre vers qu'il ne comprenait pas :

Faut-il mourir, madame, et si proche du terme,
Votre illustre constance est-elle encore si ferme,
Que les restes d'un feu que j'avais cru si fort
Puissent dans quatre jours se promettre ma mort ?

Je les examinais avec attention. Ils m'étaient certainement apparus évidents lorsque je les avais écrits. À présent, je ne savais plus trop bien ce que j'avais voulu dire. Aussi, je me tirai de cette pénible situation en affirmant :

— Récite-les toujours, tel qui ne les comprendra point les admirera.

La troupe de Molière était mauvaise dans le tragique. Les comédiens ne savaient point déclamer. Ils récitaient comme l'on parle tous les jours. Ils manquaient de flamme, de voix, d'ardeur. Je ne l'ignorais point... mais je n'avais pas le cœur de fâcher Molière qui se démenait tant et plus pour monter ma pièce.

Las, la *Bérénice* de Racine fut jouée une semaine avant ma pièce. Il eut le bénéfice incontestable de présenter une nouveauté. Comme je passais en second, ma pièce eut l'air d'être une copie de la première. J'enrageais d'avoir ainsi été supplanté par mon rival !

Bérénice de Racine produisit beaucoup de larmes. Les comédiens de l'Hôtel de Bourgogne furent excellents. Ma *Bérénice* quoique plus grande et plus noble souffrit de l'interprétation des comédiens de Molière. Le public préféra pleurer avec Racine que de s'émouvoir sobrement avec moi.

Madame ne put même pas voir le charivari qu'elle avait mis entre Racine et moi et ne put choisir la pièce qu'elle préférait. Elle était morte bien mystérieusement cinq mois avant les représentations.

24

Molière
Le Bourgeois gentilhomme

En décembre 1669, Louis XIV reçoit Soliman Muta Haccara, ambassadeur du Grand Turc, Mehmed IV.

Sa Majesté ne lésine pas sur les moyens pour impressionner cet important personnage. Il porte un habit couvert de diamants dont le poids risque de lui faire courber les épaules. Il offre des divertissements magnifiques, des cadeaux somptueux... Mais l'impertinence de ce Turc agace toute la cour et surtout le roi.

Et quelle humiliation lorsque l'on découvre que le soi-disant ambassadeur n'est en fait qu'un Turc ordinaire ! Le roi, furieux d'avoir été la victime de cette tromperie, décide de prendre sa revanche.

Il convoque Molière et lui dit :

— Pour les fêtes de Chambord, nous aimerions assez une turquerie !

— Comme il plaira à Votre Majesté.

— Le chevalier d'Arvieux qui a vécu douze ans à la cour du Grand Turc vous parlera des manières de ce peuple.

Molière regagne sa campagne d'Auteuil. Il reçoit plusieurs fois le chevalier et avec Lully qui compose la musique, il travaille à l'écriture d'une comédie-ballet : *Monsieur Jourdain,* une pièce en prose.

Pour satisfaire le roi, on ne regarde pas à la dépense. Le tailleur Jean Baraillon confectionne de riches costumes et les décors de Vigarani coûtent une fortune. Les nombreuses entrées servent de prétextes à la musique de Lully et aux ballets réglés par Pierre Beauchamp.

La première représentation a lieu à Chambord devant le roi et la cour le 14 octobre 1670. Le roi la goûte fort et demande plusieurs fois la pièce. Lully, non content d'avoir écrit les musiques, y interprète avec talent le rôle de Muphti. Le roi apprécie de plus en plus les talents du Florentin.

Le Bourgeois gentilhomme est ensuite joué au Palais-Royal le 23 novembre. Mais la pièce quitte l'affiche le 28 pour laisser la place à *Tite et Bérénice* de Pierre Corneille.

Molière a mal vécu la trahison de Racine. En montant le *Tite et Bérénice* de Corneille, il entend bien le déstabiliser. Et puis, Molière voudrait prouver que sa troupe est capable d'interpréter avec brio la tragédie. Il paie donc cher, à Corneille qu'il admire, le droit de monter cette pièce. Malheureusement, celle-ci n'obtient qu'un succès de curiosité. Elle est pourtant jouée en alternance avec *Le Bourgeois gentilhomme* jusqu'à la fermeture de Pâques 1671.

25

MOLIÈRE, CORNEILLE, LA FONTAINE

Pour les fêtes de carnaval de l'année 1671, Louis XIV veut réhabiliter le théâtre aménagé dans le Palais des Tuileries et laissé à l'abandon.

— Molière, faites-nous l'un de ces divertissements qui plaisent aux dames. Nous y voulons de la musique, des chants et de la danse et j'aimerais assez que vous utilisiez le décor des Enfers peint par Vigarani pour *Ercole amante,* il est si somptueux !

Une nouvelle fois, Molière s'incline. Il doit faire vivre sa troupe !

Se souvenant du thème mythologique de Psyché que son ami La Fontaine vient de traiter, il s'en empare. Ce n'est point du vol. Les thèmes sont à tous, c'est la manière d'écrire qui en fera un échec ou un succès. Et puis, la mythologie, c'est la folie du siècle !

Cependant, Molière n'est guère à l'aise dans ce registre qui n'exploite pas les travers de ses contemporains mais des dieux qui ne l'intéressent guère. Et puis, bien que les grandes mises en scène le passionnent, il est fatigué... ce qu'il écrivait autrefois en quinze jours lui demande maintenant un effort qu'il n'a plus le courage de produire. Il va voir Corneille. Celui-ci lui doit bien une petite compensation... Molière s'est endetté pour monter son *Tite et Bérénice* qui n'a guère séduit.

— Cela m'ennuie, mon ami, de solliciter ton aide pour ce divertissement peu digne de ton talent... mais je suis si las... et Sa Majesté est si exigeante. *Le Bourgeois gentilhomme* n'est terminé que depuis trois mois et déjà je dois me remettre à l'ouvrage... mon esprit n'est plus aussi vif...

— Ne t'alarme point. Mes pièces ne réussissent pas trop bien en ce moment et je manque d'argent. Ma fille Marguerite a besoin d'une dot conséquente pour entrer au couvent des Dominicaines.

— Tu sais que je ne suis pas ingrat et si la pièce est un succès tu auras largement ta part.

— Je connais ta droiture... et puis, changer de registre et célébrer l'amour à soixante-quatre ans n'est point pour me déplaire... s'y ajoute aussi le bonheur de prouver aux médisants que je ne suis pas encore fini !

Molière sourit et poursuit :

— J'ai demandé à Quinault d'écrire les paroles des chants et, bien sûr, c'est Lully qui fera la musique.

Corneille écrit onze cents vers fort gracieux. Il sait que Psyché sera interprétée par Armande. Or, la charmante Armande a enflammé le cœur du vieux Corneille... C'est un amour platonique, certes... mais tout de même, c'est à elle qu'il pense lorsqu'il décrit les ravages de la jalousie avec tant de justesse.

Molière écrit le Prologue et l'acte I ainsi que quelques autres scènes. Mais les intermèdes occupent une partie importante de la pièce qui dure cinq heures ! Sur scène, soixante-dix danseurs se produisent ensemble et il y a plus de trois cents musiciens. Les machineries font s'envoler les comédiens dans des nuages, d'autres apparaissent on ne sait d'où quand d'autres disparaissent tout aussi mystérieusement.

Molière joue le rôle de Zéphire. Armande celui de Psyché. Michel Baron celui du dieu Amour.

La jeunesse du comédien, son talent, sa beauté séduisent tous les cœurs. Armande est éblouissante elle aussi. Le couple qu'elle forme avec Baron sur la scène est criant de vérité.

Peut-être un peu trop. La rumeur prêtant que les sentiments qu'ils éprouvent sur les planches se poursuivent lorsque le rideau tombe. Molière le sait. Il en souffre, mais il le tolère... De toutes les façons, Armande le trompe, alors autant que ce soit avec Michel.

Psyché est représenté pour la première fois le 17 janvier 1671 dans la vaste salle des Tuileries construite par Le Vau et capable d'accueillir sept mille spectateurs. C'est un immense succès.

Tout le monde en parle et se précipite pour voir la pièce.

Le roi est si satisfait qu'il octroie à la troupe une pension annuelle de 7 000 livres.

Du coup, la troupe décide de refaire en partie à ses frais la salle du Palais-Royal afin de pouvoir y jouer *Psyché.*

Pour donner toute sa puissance à *Psyché,* Molière a besoin de chœurs et d'un orchestre permanent de douze violons. Jusqu'à ce jour, les chanteurs et musiciens jouaient dans des loges grillagées à l'abri des regards. Molière propose qu'ils chantent sur le théâtre même, à visage découvert et vêtus comme les comédiens.

Lully ne voit pas d'un bon œil ces transformations.

Il a ouï-dire qu'un grand opéra en langue française sera donné en mars pour l'inauguration du premier théâtre lyrique qui s'ouvre à Paris au jeu de paume de la Bouteille. C'est déjà une sérieuse concurrence ! Si, de plus, Molière se met en tête avec sa nouvelle salle du Palais-Royal de faire de l'ombre à son Opéra, ce serait un comble ! Il ne supportera pas qu'on lui vole la place qu'il occupe !

Il est le musicien préféré de Sa Majesté et il entend bien le rester !

26

Molière
Les Fourberies de Scapin

En attendant que les travaux entrepris au Palais-Royal soient terminés, Molière écrit *Les Fourberies de Scapin* en s'inspirant d'une farce. Il a rassemblé dans cette pièce au rythme endiablé toutes les ficelles provoquant le rire.

Elle est créée au Palais-Royal le 24 mai 1671. Mais Molière est si fatigué et le rôle est si lourd... Parfois, le souffle lui manque. Il hoquette. Il tousse. Le public, croyant à un jeu de scène, s'esclaffe. Molière est heureux puisqu'il amuse.

Pourtant, la pièce ne rencontre pas le succès.

— Je n'ai pas été bon, se lamente Molière.

— Las, mon ami, le réconforte Boileau, tu es exténué ! Je te le répète, une fois encore, laisse à d'autres le soin de jouer des rôles aussi physiques que celui de Scapin.

— Je ne puis, tu le sais bien. Le peu qu'il me reste de vie, je veux le passer sur les planches !

— Sans vouloir te blesser, enveloppé dans le sac, tu étais ridicule et je n'ai point reconnu là, l'auteur du *Misanthrope.*

Molière a un geste désabusé de la main et murmure :

— Certes, il y a *Le Misanthrope...* mais il y en a d'autres aussi...

Les comédiens sont déçus. La pièce est rapidement retirée de l'affiche. Il n'y a plus qu'à espérer que *Psyché* fasse un énorme succès afin que la part qui leur revient sur la recette soit conséquente.

Psyché est donnée dans la salle toute neuve du Palais-Royal le 24 juillet.

Les frais occasionnés pour ce spectacle sont énormes : mise en scène, costumes, musiciens...

La compagnie compte treize comédiens : huit hommes et cinq femmes. Cependant, les recettes sont divisées (après déduction des frais) en douze parts seulement car Beauval et Mlle La Grange, comédiens débutants, ne comptent que pour une demi-part. (La Grange vient juste d'épouser Marie Ragueneau, une comédienne sans véritable talent : elle devient Mlle La Grange).

Fort heureusement, une foule nombreuse se presse pour assister à ce spectacle qui est une grande nouveauté. Le théâtre ne désemplit pas jusqu'au 25 octobre.

Cependant, alors que Molière savoure ce succès, Armande tombe malade. Molière s'inquiète. Armande apprécie la sollicitude de son vieux mari... Michel Baron l'a déçue. Il papillonne autour des belles dames comme elle a papillonné autour des beaux gentilshommes... Mais maintenant que la maladie la frappe, c'est vers Molière, toujours amoureux, qu'elle cherche un appui. C'est assis à son chevet qu'il commence l'écriture des *Femmes savantes.*

En novembre 1671, Monsieur frère du roi épouse en secondes noces la princesse Palatine.

Louis XIV commande à Molière un ballet et une comédie inédite.

On ne peut rien refuser au roi.

Molière écrit rapidement *La Comtesse d'Escarbagnac* qui sera inclus dans un divertissement appelé *Le Ballet des ballets.*

La pièce est créée à Saint-Germain le 2 février 1672. Elle est jouée plusieurs fois devant la cour.

Mais le 17 février, Molière est rappelé à Paris.

Madeleine Béjart qui s'est retirée de la troupe quelque temps auparavant pour raison de santé se meurt. Madeleine, c'est son premier amour, puis l'amie tendre en qui il a mis toute sa confiance, celle qui l'a aidé et soutenu si souvent.

Lorsqu'il arrive, Madeleine s'est mise en règle avec la religion, elle a signé sa renonciation au métier de comédienne. Elle est inhumée à Saint-Paul le 18 février 1672.

Dans la marge de son registre, La Grange dessine un triangle noir.

27

Molière, Lully *La brouille*

Le 3 mars 1671, a lieu l'inauguration du premier théâtre lyrique ouvert à Paris au jeu de paume de la Bouteille. À cette occasion, on y joue *Pomone,* un opéra en langue française. L'événement a été annoncé par de nombreuses affiches.

Molière, La Fontaine, Boileau, Thomas et Pierre Corneille s'y rendent. Il s'agit de voir si cette œuvre est supérieure à *Psyché* que le roi a tant appréciée trois semaines auparavant... et évaluer aussi si cet opéra peut nuire aux prochaines représentations qui auront lieu sous peu dans la nouvelle salle du Palais-Royal. En somme, l'heure est grave... car si *Pomone* réussit, on peut craindre la concurrence pour *Psyché.* Le livret est de Pierre Perrin[1] et la musique de Robert

1. Pierre Perrin (1620-1675), poète français. Il a 2 ans de plus que Molière.

Cambert[1]. *Pomone* est entièrement chantée en français, c'est une nouveauté à ne point manquer.

Ils aperçoivent Racine et le saluent de loin. Molière est fâché avec le jeune dramaturge depuis *Alexandre* et Corneille n'apprécie guère ce rival jeune, beau et talentueux. Lully doit être, lui aussi, quelque part dans une loge.

— Perrin est un écrivaillon et Cambert n'a pas l'étoffe d'un grand musicien, annonce Molière.

— Je te l'accorde, répond Boileau, mais Sa Majesté goûte fort l'opéra italien. Toute son enfance en a été bercée. On conte même que l'année de ses cinq ans, il fut le seul à ne point s'endormir lors de la représentation d'*Orfeo,* un opéra italien de six heures !

— Le roi souhaite sans doute que la France, à son tour, produise des opéras dont tout le monde pourra comprendre les paroles, dit La Fontaine.

— De toute façon, dans ce genre de pièce, la musique l'emporte sur le texte et qu'il soit en français ou en turc on n'y comprendra goutte !

— Ce n'est pas faux. Reste la machinerie qui est toujours impressionnante.

— Des êtres qui volent dans les airs, des décors qui changent tout soudainement ne font pas la valeur

1. Robert Cambert (1627-1677), organiste et compositeur français. Il a 5 ans de moins que Molière.

d'une pièce. Seul le texte devrait compter, assène Pierre Corneille.

— Et la musique aussi puisqu'il s'agit d'un opéra, ajoute Boileau.

— J'ai ouï-dire que le roi avait délivré en juin 1669 à Perrin une lettre patente lui accordant l'exclusivité de donner des opéras à Paris et dans tout le royaume ! poursuit La Fontaine.

— Alors leur renommée est faite et leur richesse aussi, assure Thomas Corneille.

— Je doute fort que Baptiste se laisse ainsi tondre la laine sur le dos sans réagir ! annonce Molière.

— Certes, le Florentin ne veut point de concurrence et depuis que Sa Majesté l'a nommé surintendant de la musique, il fait la roue comme un paon pour se faire admirer ! plaisante Boileau.

— Il doit être fort inquiet des améliorations que tu fais au Palais-Royal afin de pouvoir y proposer des pièces à machines, mon cher Molière.

— Baptiste est un ami. Depuis neuf ans, nous avons fait tant de pièces ensemble pour satisfaire le roi !

— Méfie-toi de lui, cet homme-là est prêt à toutes les vilenies pour garder ses privilèges. Crois-tu qu'il va se contenter de mettre en musique les intermèdes de tes pièces ? Il est bien trop ambitieux ! Je suis certain qu'il enrage de ne pas être cité en premier sur les affiches annonçant tes comédies !

Molière va défendre Baptiste, mais l'orchestre, après avoir accordé longuement ses instruments, attaque les premières notes.

À la fin de la représentation, la salle applaudit à tout rompre.

L'opéra français vient de naître et il semble plaire beaucoup.

Lully s'en alarme. Avant le succès de *Pomone,* il pensait que le public français était incapable d'apprécier l'opéra. Il vient d'avoir la preuve du contraire. Il y a donc là une importante place à prendre... Et il va tout faire pour s'en emparer... seul !

Quelque temps plus tard, Lully apprend que Perrin s'est ruiné pour monter son opéra et que ses créanciers sont à ses trousses. Il patiente plusieurs mois afin de laisser pourrir la situation de son concurrent qui se retrouve bientôt en prison.

Le Florentin demande alors audience au roi et lui fait un tableau effroyable des désordres entraînés par l'incapacité de Cambert et de Perrin à gérer l'Académie de musique.

— Sire, la musique qui doit célébrer partout votre gloire mérite mieux que ces deux incapables !

Le roi opine du chef, peu disposé sans doute à reconnaître qu'il a fait fausse route en confiant l'Académie royale de musique au sieur Perrin. Lully joue les perfides :

— Et si Votre Majesté ne me juge point digne de chanter les louanges de son règne, je préfère repartir à Florence.

Perdre l'homme qui lui procure de si beaux divertissements est impensable ! En mars 1672, le roi ordonne donc à Colbert de donner à Lully une lettre patente pour la création de son Académie royale de musique. Lully obtient l'exclusivité des spectacles chantés avec interdiction à quiconque de faire chanter une pièce entière sans sa permission.

Molière est atterré ! Une grande partie de son répertoire est constituée de comédies-ballets. Le voilà ruiné !

Il n'a pas l'intention de se laisser ainsi dépossédé de son travail. Il saisit le parlement d'une plainte pour faire opposition aux lettres patentes de Sa Majesté. Le roi finit par atténuer la portée du privilège de Baptiste et accorde à Molière la permission d'employer six chanteurs et douze instrumentistes.

Lully enrage. Et, en septembre, il obtient du roi un nouveau privilège qui lui accorde la propriété de toutes les pièces dont il fera la musique.

C'en est fait de la collaboration entre Lully et Molière qui avait produit tant de chefs-d'œuvre !

Le roi, hélas, ne fait qu'activer la querelle. Il s'intéresse de plus en plus à la musique, à l'opéra, au détriment du théâtre à proprement parler.

28

Racine
Bajazet

En juillet, Racine assiste à une représentation de *Psyché* dans la toute nouvelle salle du Palais-Royal. La partie chantée est de Quinault, les vers récités de Corneille et la musique de Lully, le tout sous la houlette de Molière.

Comment Corneille a-t-il pu écrire presque en même temps son *Tite et Bérénice* et les vers de *Psyché* ? À soixante-cinq ans, sa capacité de travail est impressionnante et agaçante aussi. Il est vrai que Racine s'adonne à des plaisirs que l'âge avancé de Corneille lui épargne. Et quoi, on peut rêver de gloire et apprécier les jolies femmes, la bonne chère et les soirées entre amis dans les cabarets ! Il faut jouir de la vie quand il est encore temps.

Racine a parfois l'impression que le Grand Auteur le nargue. Sa *Bérénice* continue à être jouée avec succès à l'Hôtel de Bourgogne mais *Psyché* fait un triomphe au Palais-Royal.

— Entre vous, c'est un éternel duel ! remarque La Fontaine.

— Il faudra bien qu'un jour l'un des deux tombe à terre ! lance Racine avec hargne.

— Corneille est bien vieux et tu n'as encore que trente-deux ans, le rassure Boileau. Tu l'auras à l'usure.

— C'est au mérite que je veux l'emporter ! se rebelle Racine.

Racine assiste aussi au triomphe de *Pomone.*

Il a l'abominable sentiment que sa carrière de dramaturge est terminée. Le public s'enflamme pour l'opéra et va déserter les théâtres.

Il est tenté un moment de déposer les armes et de s'étourdir en passant les soirées dans les cabarets avec le fils de Mme de Sévigné, Ninon, la Champmeslé, La Fontaine et d'autres messieurs qui viennent grossir le cercle, dont M. de Nantouillet.

— J'ai dîné chez le comte de Césy, annonce celui-ci un soir. Il nous a conté un drame abominable auquel il a assisté voici trente ans quand il était ambassadeur à Constantinople.

— Faites-nous frémir, monsieur, l'encourage Ninon de Lenclos.

— Eh bien, la sultane aimait profondément le prince Bajazet. Mais celui-ci était amoureux d'une favorite de la sultane. Elle attendit même un enfant de lui. Soliman facilitait la liaison de Bajazet en payant grassement les eunuques. Alors, le Grand Sultan, pour effacer cet outrage, fit exécuter les deux frères de la plus cruelle façon selon les coutumes ottomanes.

— Seigneur, quelle barbarie ! s'exclame Marie.

— Ah, Mademoiselle, lorsqu'il s'agit d'honneur et de passion, les Turcs ne sont guère plus barbares que ne l'étaient les Romains ou les Grecs ! affirme Racine.

— N'y a-t-il point là tous les ingrédients d'une bonne pièce ? insiste le chevalier de Nantouillet.

Racine approuve d'un hochement de tête.

Les turqueries sont à la mode depuis la longue visite de l'ambassadeur de la Sublime Porte pour qui le roi a donné des divertissements magnifiques. Ce représentant du Grand Turc avait eu l'outrecuidance de n'y porter qu'un intérêt mitigé comme si, dans son pays, les fêtes étaient mille fois plus belles.

À peine cinq mois plus tard, Molière a fait jouer son *Bourgeois gentilhomme.*

Après que le public a ri des turqueries, ne serait-il point opportun de le faire pleurer ? Et puis, le grand Corneille ne s'est pas encore intéressé aux Ottomans. Ce serait l'occasion de se démarquer et de prouver à tous que lui, Racine, peut écrire une tragédie sans s'inspirer du théâtre grec ou romain.

De retour chez lui, il saisit une feuille, trempe sa plume dans l'encre et commence l'esquisse de la pièce.

Bientôt, la fièvre de l'écriture s'empare de lui et il n'a de cesse de terminer cette pièce.

La Champmeslé lit ses vers au fur et à mesure qu'il les écrit

— Quel rôle me donneras-tu ? lui demande-t-elle en l'enlaçant.

— Celui d'Atalide. Je l'écris en entendant ta voix prononcer mes vers.

— Pourquoi point celui de Roxane, il a plus de majesté...

— Atalide est une amoureuse passionnée qui se tue pour ne point survivre à celui qu'elle aime. C'est un rôle pour toi, ma mie !

La pièce est jouée par les Grands Comédiens de l'Hôtel de Bourgogne le 5 janvier 1672. C'est un triomphe !

Racine espère que cette preuve de son talent fera taire les mauvaises langues.

Il n'en est rien. Les inconditionnels de Corneille continuent à lui chercher noise.

Donneau de Visé qui vient de fonder *Le Mercure galant*[1] est de ceux qui éreintent sa pièce, mais d'autres ne sont pas en reste. On rapporte à Racine que Corneille a dit à un sien ami en sortant du théâtre :

1. Revue trimestrielle puis mensuelle qui traite de sujets divers et publie poèmes et historiettes.

« Il n'y a pas un seul personnage dans le *Bajazet* qui ait les sentiments qu'il doit avoir et que l'on a à Constantinople. Ils ont tous, sous un habit de turc, le sentiment qu'on a au milieu de la France. »

Le débat est lancé et Racine perd beaucoup de temps et d'énergie à se défendre.

— Je n'ai rien changé aux mœurs ni aux coutumes de cette nation et je suis resté au plus près de la vérité historique ! Si mes Turcs ont l'air moins Romains que les Romains de Corneille, c'est tout bonnement parce que mes Turcs ne peuvent pas parler turc sur une scène française alors que les Romains de Corneille parlent français, une langue directement issue du latin ! se défend-il.

Mme de Sévigné qui ne jure que par Corneille depuis *Le Cid* et qui ne souffre aucun rival à son protégé s'emploie à dénigrer la pièce de Racine en assurant à sa fille que « jamais rien n'approchera les divins endroits de Corneille » et que *Bajazet* ne comporte « rien de parfaitement beau, rien qui enlève, rien de ces tirades de Corneille qui font frissonner... »

Cependant, les méchants ont beau dire et beau faire, *Bajazet* triomphe ! On joue la pièce plus de trente fois et lors du remariage de Monsieur avec la princesse Palatine le 22 janvier, c'est *Bajazet* que l'on joue.

Racine laisse donc parler les jaloux. À présent, il a atteint la gloire tant espérée et l'aisance financière procurée par les 1 500 livres de pension du roi, les rémunérations provenant du théâtre, des ventes de ses pièces en librairie et des quelques rentes qu'il s'est constituées. Il mène une vie mondaine des plus agréables.

En novembre, l'échec de *Pulchérie,* la pièce de Corneille, le réjouit. Le vieux lion serait-il enfin au bout de sa carrière ?

29

Molière
Les Femmes savantes,
Le Malade imaginaire

Molière a longuement travaillé sur *Les Femmes savantes.* Cette fois, il caricature les savantes, faisant ainsi un pendant aux *Précieuses.* Il égratigne deux poètes précieux qu'il exècre : l'abbé Cotin[1], un académicien mondain qui a publié un pamphlet contre lui (qu'il nomme Tricotin dans la première version de la pièce) et Ménage[2] toujours à la mode auprès des précieuses de salon (il devient Vadius dans la pièce).

La pièce est créée au Palais-Royal le 11 mars 1672 avec succès. Elle est immédiatement reprise après la relâche annuelle du carême puis donnée devant le roi

1. Charles Cotin (1604-1682), ecclésiastique et poète français. Il a 18 ans de plus que Molière.

2. Gilles Ménage (1613-1692), écrivain français. Il a 9 ans de plus que Molière.

et la cour. Il semble que le roi n'ait, tout d'abord, pas apprécié la pièce. Molière y sermonne sans doute trop systématiquement. Peut-être aussi que, fatigué, il n'a point montré tout son talent dans le rôle de Chrysale. Il a des excuses : un mois auparavant, il a donné *Le Ballet des ballets* devant la Cour, puis est survenu le décès de Madeleine qui l'a fort ému. Sa brouille avec Lully l'a également beaucoup affecté. Il n'aurait jamais imaginé que celui avec qui il a tant travaillé sur des comédies-ballets et dont il appréciait les talents de comédien, de musicien et d'amuseur lui joue ce tour de traître ! Certes, le Florentin a tout juste quarante ans et il resplendit de santé quand sa santé à lui décline de jour en jour...

Pourtant, il continue à s'occuper de tout : il écrit, il met en scène, il prévoit les décors, les costumes et en plus, il joue !

Mais Molière se ressaisit. Lors de la deuxième représentation, Sa Majesté rit enfin et dit à Molière :

— Cette comédie-là me plaît fort !

Lully n'est point inactif. Il s'emploie à discréditer Molière auprès du roi. Et il est maître en la matière ! De toutes les façons, le roi s'éloigne de son comédien préféré. Molière est souffreteux, le dos voûté, il tousse beaucoup. Le roi ne supporte pas la vue de la maladie. Il ne veut à la cour que des gens gais, souriants et bien portants.

Molière contre-attaque. En juillet 1672, *La Comtesse d'Escarbagnas* et *Le Mariage forcé* sont joués au Palais-Royal. La musique de Lully est remplacée par la nouvelle musique d'un jeune et talentueux compositeur de trente ans à peine : Marc-Antoine Charpentier[1].

De rage, Lully doit en jeter sa perruque à terre !

— Voyez, Majesté, doit-il dire au roi, ce... ce saltimbanque n'a aucun respect pour mon œuvre puisqu'il ose remplacer ma musique... celle que vous appréciez, sire, par celle d'un inconnu sans talent ! Et dire que j'ai su si bien améliorer la médiocrité de ses pièces par l'ajout de ma musique... quelle ingratitude !

Dans tous les cas, pour la première fois depuis 1659, Molière attend en vain les ordres du roi pour carnaval.

Pourtant, Molière est heureux.

Après sa brève liaison avec Baron, Armande lui est revenue, toujours aussi belle et désirable. Il se sent rajeunir à son contact. D'ailleurs, afin de la satisfaire, il vient de s'installer rue de Richelieu dans une vaste maison de deux étages. Bientôt, son épouse lui annonce :

— Jean-Baptiste, tu seras bientôt père... j'attends un enfant.

1. Marc Antoine Charpentier (1643-1704), compositeur français. Il a 21 ans de moins que Molière.

Molière est fou de joie.

C'est avec un entrain et une énergie nouvelle qu'il se met à l'écriture de sa nouvelle pièce *Le Malade imaginaire.*

Le 15 septembre 1672, son fils naît. Il a pour marraine la fille de son ami le peintre Pierre Mignard et pour parrain le frère de son ami Boileau. Dans son registre, La Grange dessine un disque bleu, signe de bonheur. Hélas ! le fragile nourrisson meurt vingt-sept jours plus tard et La Grange peint un losange noir.

Molière voit s'éloigner définitivement son rêve d'avoir un fils pour lui succéder.

Mais Molière doit continuer… S'il n'écrit pas, s'il ne joue pas, il n'existe pas. Il n'a pas le droit de baisser les bras.

Pour plaire au roi, et selon l'habitude qu'il a prise, Molière entrecoupe la pièce d'intermèdes de ballets et de musique. Il écrit un prologue qui flatte le roi, vainqueur de la guerre de Dévolution contre les Pays-Bas qui ont crevé leurs digues pour arrêter les troupes françaises. Pour la musique du *Malade imaginaire,* il poursuit sa collaboration avec le charmant Marc-Antoine Charpentier.

Évidemment, cela déplaît fortement à Lully qui dénigre Molière et Charpentier auprès du roi. Du coup, le roi ne manifeste pas le désir de voir la pièce.

Molière cache, tant bien que mal, sa déception.

La pièce est donc créée au Palais-Royal le vendredi 10 février 1673 (le vendredi est le jour réservé aux nouveautés). Molière joue Argan, Armande est Béline, La Grange, Cléante, Mlle Beauval est Toinette et sa fille débute dans le rôle de Louison.

Molière se dépense sans compter. Il se moque des médecins qui n'ont pas le souci de guérir mais de gagner de l'argent. Il se moque de ses propres souffrances, et lorsque, à bout de souffle, il s'écroule sur une chaise pour reprendre haleine, le public s'esclaffe. Il ignore que ce jeu de scène a été voulu par Molière pour se ménager quelques instants de repos.

C'est un immense succès. La Grange note dans son registre que la recette est de 1992 livres.

La pièce est à nouveau jouée le dimanche et le mardi. La quatrième représentation a lieu le 17 février. Molière est fatigué.

— Reportons la représentation à dimanche, lui suggère La Grange.

— Il n'en est pas question ! Les danseurs, les musiciens, le personnel du théâtre comptent sur le salaire de la journée. Je ne peux pas leur faire faux bond ! Et puis si nous ne jouons point, le public risque d'aller voir *Mithridate* de Racine... et l'argent dépensé à l'Hôtel de Bourgogne ne sera plus dépensé pour nous. Non, non, nous devons assurer cette représentation.

— Cette pièce est épuisante... il te faut du repos ! insiste Armande.

— Ne t'inquiète pas. Je suis plus résistant qu'il n'y paraît... et puis sur scène ma maladie est mon meilleur atout ! C'est elle qui déclenche les rires. Quelle heure est-il ?

— Trois heures de relevée. Le théâtre est presque plein...

— Nous commencerons à quatre heures précises.

La pièce est jouée avec un égal succès. Molière a toussé, craché, s'est effondré sur son fauteuil, il a fait le mort... le public a beaucoup ri.

À huit heures, le rideau tombe.

Molière frissonne. Il a les mains glacées. Mais il est heureux. Il espère que le roi, intrigué par le succès de la pièce, demandera à la voir.

Molière est ramené chez lui par Baron en chaise à porteurs.

Il essaie de souper, grignote un morceau de fromage. Il ne se sent pas si mal que cela. Après une bonne nuit de repos, sa fatigue aura disparu.

Las, une toux violente le reprend et il crache du sang. Il se met au lit. Il a mal partout. Baron demande l'aide de deux religieuses que Molière héberge et court prévenir Armande qui s'est attardée au théâtre. La Grange aussi est au théâtre. Il faut ranger les décors et les costumes. Molière sent qu'il est perdu. Il demande l'assistance d'un prêtre. Mais deux refusent de venir. Lorsque le troisième arrive, Molière vient de rendre son dernier soupir.

30

Racine
Iphigénie

Fin 1672, après bien des déboires, Racine est enfin élu à l'Académie, il n'a que trente-trois ans ! C'est la consécration !

On assure que la voix du roi a été décisive. Il s'en flatte car certains, arguant de sa désinvolture et de son agressivité tout en déplorant la tendresse de son théâtre, n'étaient point pressés de le voir entrer dans cette prestigieuse assemblée. Ils lui refusèrent donc leurs voix.

Est-ce que Pierre Corneille était de ceux-là ?

Racine ne s'est point endormi sur ses précieux lauriers : il a écrit une nouvelle pièce, *Mithridate*.

La première a lieu le 18 de décembre 1672 : La Fleur a le rôle de Mithridate et Charles Champmeslé celui de Xipharès. Son épouse, Marie, joue Monime, la princesse sacrifiée.

C'est un succès !

Le 11 février 1673, la pièce est donnée à Saint-Germain devant le roi, la reine, le dauphin, Madame et de nombreuses personnes de qualité. Marie est très applaudie et comme elle a appris l'art de la révérence, du sourire modeste, de la réplique bienséante, elle devient vite la reine de tous ces princes.

On murmure que Sa Majesté a de plus en plus de goût pour les opéras et moins pour les comédies et qu'il n'a point voulu voir *Le Malade imaginaire.* Racine savoure donc l'honneur que le roi lui fait en assistant à la représentation de *Mithridate.*

— Il est vrai que mes tragédies n'ont rien en commun avec les farces de Molière, glisse-t-il avec orgueil à l'oreille de la Champmeslé.

Soudain, le 18, Boileau lui annonce, le regard voilé de larmes contenues :

— Molière est mort la nuit dernière, quelques heures après avoir joué sa pièce.

— Seigneur ! Nous savions tous qu'il n'était pas en bonne santé, mais de là à disparaître si vitement...

— Et comme il n'a point eu le temps de signer sa renonciation à sa profession de comédien, il n'aura même pas une sépulture religieuse.

Cette affirmation glace les sangs de Racine. Être enterré comme un chien... Déplaire à Dieu et à l'Église, voilà une fin bien cruelle... il tressaille. Finir comme Molière ? C'est tout bonnement inimaginable. Ne doit-il point songer à se mettre en règle vis-à-vis de la religion ?

— Le roi qui appréciait Molière n'a rien pu faire ? s'informe-t-il.

— Baron a couru à Saint-Germain pour le prévenir. Sa Majesté s'est montrée touchée...

— C'est tout ?

— Oui. Le plus virulent est notre ami Chapelle qui, outré de douleur, a écrit :

Puisqu'à Paris on dénie
La terre après le trépas
À ceux qui, pendant leur vie,
Ont joué la comédie,
Pourquoi ne jette-t-on pas
Les bigots à la voirie ?
Ils sont dans le même cas.

Quel courage de dire tout haut ce que pensent beaucoup de gens !

La mort de Molière paralyse Racine quelques jours... puis la vie reprend le dessus.

Le 4 mai, Monsieur souhaite assister à *Mithridate* dans sa demeure de Saint-Cloud. Beaucoup de grands seigneurs se reconnaissent dans ce héros et pensent parfois que la pièce a été écrite pour eux.

· Racine récolte les ovations de tous ces princes et princesses avec bonheur.

Les jaloux cherchent pourtant à le discréditer en arguant qu'il n'a point suivi l'histoire avec fidélité, rassemblant en une même journée des événements dispersés sur un quart de siècle.

Corneille est de ceux-là ! Il ergote sur tout ! C'est l'éternelle querelle entre le respect de l'histoire que certains veulent exemplaire et la liberté permise par la création artistique.

Racine les laisse répandre leur venin en s'efforçant de paraître indifférent. *Mithridate* plaît malgré les piques des envieux et cela seul lui importe ! Avec *Mithridate,* il piétine les pièces de Corneille qui règne depuis un quart de siècle en puisant ses sujets dans la Rome antique. Il espère que Corneille comprendra que l'heure de la retraite a sonné. Il est plus que temps qu'il abandonne la place et qu'enfin il n'y ait qu'un seul et véritable poète dramatique dans le royaume de France !

Entre eux, c'est plus que jamais la guerre !

Racine profite pleinement de sa notoriété pour mener la vie mondaine qu'il affectionne. Pendant un an, il n'écrit rien. Il lit ses œuvres chez des gens de qualité qui sollicitent sa présence à leurs soirées. Parmi eux, il a l'honneur de compter le marquis d'Effiat, le maréchal de Vivonne, frère de Mme de Montespan et le prince de Condé qui le convie plusieurs fois dans sa belle demeure de Chantilly.

Il rend, de temps en temps visite à sa fille, élevée fort chrétiennement par son ami Nicolas Vitart, seigneur de Passy. C'est une plaisante petite demoiselle qui a les traits de sa mère et parle fort bien pour son âge. Elle lui débite à chaque fois un petit compliment qui le ravit. Vitart, qui déplore son éloignement de la religion, a certainement caché à la fillette que son père est poète dramatique et que sa mère était comédienne. Dans quelques années, elle entrera en religion... ce sera sans doute un moyen de racheter les fautes de ses parents.

Mithridate est représenté deux fois à Saint-Ouen chez le surintendant des finances.

Racine assiste aux séances de l'Académie. Il va au théâtre puis va souper avec des amis dans quelques cabarets où il a ses habitudes.

— Je viens d'apprendre que Mlle de La Vallière se retire aux Carmélites, leur annonce un soir La Fontaine.

— Elle n'était plus qu'une ombre à la cour et personne ne s'apercevra de son absence. Pas même le roi. Il est sous la coupe de Mme de Montespan depuis déjà longtemps.

— Alors votre fortune est faite, mon ami, prétend Boileau car la Montespan vous préfère à tous les autres poètes !

Racine sourit. Il a su plaire à la favorite et c'est tant mieux.

La Champmeslé fait toujours ses délices, mais il n'est pas le seul à être sous son charme. Elle est aussi demandée que lui pour déclamer des vers et mène grand train et belle vie. Son époux ferme les yeux sur les infidélités de sa femme car il en tire de nombreux bénéfices. Racine, lui, est un abominable jaloux et il se dispute souvent avec sa maîtresse pour se réconcilier peu après. Elle est sa muse, et c'est grâce aux rôles qu'il lui écrit qu'elle a gagné la célébrité. Ils sont liés l'un à l'autre par des liens bien plus forts que ceux du mariage et beaucoup moins ennuyeux ! De son côté, Racine cède volontiers aux avances de quelques dames peu farouches qui le supplient de leur accorder ses faveurs ! Comment résister à de si pressantes démonstrations d'intérêt !

Cependant, il garde du temps pour écrire. Il aime avoir toujours une œuvre en préparation et, lorsqu'il ne travaille point, il lit afin de nourrir ses prochains textes. Il écoute aussi, car ses pièces, bien que se déroulant dans une époque lointaine, sont en phase avec leur temps. Elles en sont le miroir... Et puis, s'il ne veut point qu'on l'oublie, il doit produire une nouvelle pièce tous les ans... Il s'écoule pourtant dix-huit mois entre *Mithridate* et *Iphigénie.*

Lorsqu'il écrit *Iphigénie,* il pense à la fillette qui grandit loin de lui. Certes, pris par son travail et ses obligations, il n'est point un bon père, pourtant sa fille est toujours présente à son esprit. Leurs vies ont des similitudes qui les rapprochent. À son âge, lui aussi n'avait plus de mère. Il connaît donc bien sa souffrance. Cette pièce est tout empreinte d'amour paternel et il fait dire à Agamemnon :

« *Hé bien, ma fille, embrassez votre père, Il vous aime toujours.* »

Afin de célébrer comme il se doit la conquête de la Franche-Comté sur les Espagnols, Louis XIV décide de donner de somptueux divertissements dans le parc de Versailles. Vigarani se surpasse ! Tout est grandiose et magnifique : fontaines, grottes, vases de porcelaine pleins de fleurs, statues d'or, allées d'orangers et de grenadiers, candélabres d'argent, girandoles de cristal...

Qu'*Iphigénie,* la huitième tragédie de Racine, soit choisie pour cette circonstance est un immense honneur qu'il partage avec les comédiens de l'Hôtel de Bourgogne et surtout avec Marie, émue et inquiète à la pensée de jouer devant un public si prestigieux.

Dans l'Orangerie magnifiquement décorée, il y a ce 18 août 1674 le roi, la reine, le dauphin, Monsieur et de nombreux seigneurs et dames. Marie est magnifique. Elle supplante, et de loin, Marquise et la Des Œillets !

La pièce est ensuite jouée au théâtre avec un immense succès. Elle est donnée quarante fois durant l'hiver. La Champmeslé dans le rôle d'Iphigénie est si émouvante que le public sort en larmes à chaque représentation.

Le roi manifeste sa satisfaction en octroyant gratuitement à Racine « en considération de ses belles qualités et de son mérite » la charge de trésorier de France au bureau des finances de Moulins. Les revenus de cette charge sont importants mais surtout cela permet au poète d'acquérir la noblesse. Il prend, avec fierté, le titre de chevalier. Le voilà l'égal de Corneille au moins en ce qui concerne le degré de noblesse !

Après avoir eu l'honneur d'entrer à l'Académie, Racine accède à présent à un nouvel état social assorti de revenus confortables.

Qu'il est donc loin le petit orphelin méprisé par les siens !

31

La Fontaine et la Champmeslé

La Fontaine est un intime du couple Champmeslé. Il a fait leur connaissance lors des soirées dans les cabarets où l'entraîne souvent son ami Racine... et il suit avec un œil amical et amusé les amours de Racine et de Marie... mais il n'ignore pas les infidélités de Marie qui accorde ses faveurs à d'autres gentilshommes et entre autres au très séduisant fils de Mme de Sévigné.

La Fontaine aussi a succombé aux charmes de la comédienne. Il aimerait sans doute bien être sur les rangs des favoris... mais il est si timide, si discret, si gauche aussi...

Alors, il la couve des yeux, soupire pour elle, lui lit ses fables et ses contes. Il respire dans son ombre la gloire dont elle est auréolée.

Elle a le bon goût d'aimer sa conversation et sa compagnie.

La Fontaine et M. de Champmeslé apprécient ensemble le champagne, les cabarets, le jeu et ils s'amusent à écrire quelques pièces assez mauvaises mais qui les divertissent beaucoup.

En 1674, paraissent sans privilège ni permission *Les Nouveaux Contes de M. de La Fontaine.* La Fontaine n'a probablement pas sollicité cette autorisation de publier car il sait qu'il ne l'aurait pas obtenue, ses contes étant encore plus licencieux que les précédents.

Le succès est immédiat dans les salons : l'érotisme peint dans ces contes est des plus raffinés et il séduit les gentilshommes autant que les dames.

Las, le parti dévot envoie plaintes sur plaintes au lieutenant de police La Reynie. Le roi s'indigne lui aussi. Le 5 avril 1675, l'ouvrage est interdit au motif suivant :

« Attendu que ce petit livre est imprimé sans privilège, ni permission qu'il se trouve rempli de termes indiscrets et malhonnêtes dont la lecture ne peut avoir d'autre effet que celui de corrompre les bonnes mœurs et d'inspirer le libertinage... défense est faite à tous libraires, imprimeurs et colporteurs d'avoir, vendre ou débiter ledit livre. »

Marie Champmeslé, scandalisée de voir son ami ainsi censuré, entreprend la vente clandestine de l'ouvrage... Elle connaît tellement de monde !

La Reynie laisse faire...

Les ventes sont si considérables qu'une seconde édition est imprimée à Amsterdam !

Comment La Fontaine, déjà amoureux de Marie, ne lui serait-il pas éternellement reconnaissant ?

Las, il paiera cher ses contes licencieux... L'académie lui refusera plusieurs fois un siège et, lorsqu'il sera enfin élu, c'est après avoir promis de ne plus jamais écrire de contes du même genre.

La Fontaine n'en néglige pas pour autant l'écriture de ses fables.

Le 29 juillet 1677, il a obtenu le privilège pour une nouvelle édition des *Fables choisies mises en vers.* Il la dédie à Mme de Montespan.

Ce n'est pas un bon choix. Elle va, sous peu, perdre tous ses pouvoirs auprès du roi.

La Fontaine est un éternel malchanceux !

32

LE VIEUX CORNEILLE

En mars 1672, je donnais *Pulchérie*. Le roi préféra *Mithridate* de Racine et cela entraîna la cour et le public à bouder ma pièce. La jeunesse de Racine était en accord avec celle du roi ! Je me sentis bien vieux...

De son côté, Thomas n'était pas inactif. Il écrivit et fit jouer une quinzaine de pièces, des opéras et des tragédies lyriques. Son succès me consolait de mes échecs.

Et puis le 18 février 1673, la nouvelle tomba, brutale. Et bientôt tout Paris ne parla que de ce sinistre événement : Molière était mort ! Pire, il était mort sans avoir pu signer sa renonciation à la profession de comédien. Heureusement, son épouse apporta la preuve que les deux prêtres sollicités n'avaient point voulu se déranger. L'archevêque de Paris, peut-être poussé par le roi, finit par donner son autorisation pour que le curé de Saint-Eustache enterre chrétiennement ce pauvre Molière à condition que ce soit en dehors des heures du jour et sans aucune pompe.

Le 21 février, à la nuit tombée, une foule immense et recueillie s'assembla devant sa maison et un important cortège éclairé de plus de cent flambeaux accompagna ce grand poète à sa dernière demeure. Il y avait là ses comédiens, mais aussi tous ceux des autres théâtres, les saltimbanques des petites troupes de passage dans la région, les Comédiens italiens, des chanteurs, des danseurs, des poètes et aussi sans doute des gens de qualité qu'il avait amusés... tout au moins, je l'espère. J'y aperçus Racine et la Champmeslé qui avaient tous deux de l'estime pour le poète, Boileau aussi, inconsolable de la perte de celui avec qui il avait partagé les doutes, les peines, les succès et aussi les longues soirées de discussions et de beuverie dans les cabarets.

La Fontaine, ce doux rêveur, écrivit cette épitaphe dont toute émotion est absente car La Fontaine n'était pas homme à laisser couler ses larmes bien que cette mort l'ait beaucoup affecté.

Sous ce tombeau gisent Plaute et Térence,
Et cependant le seul Molière y gît.
Leurs trois talents ne formaient qu'un esprit.
Dont le bel art réjouissait la France.
Ils sont partis ! et j'ai peu d'espérance

De les revoir. Malgré tous nos efforts,
Pour un long temps selon toute apparence
Térence, et Plaute, et Molière sont morts.

La Fontaine, que le décès de la duchesse douairière d'Orléans avait privé de sa pension et qui, à force de mépriser l'argent, s'était trouvé sans ressources au point de ne pas savoir ou dormir ni que manger venait de trouver refuge chez une femme généreuse quoique libertine : Mme de La Sablière.

Alors que j'avais la pénible impression de chuter dans l'estime du public, je regardai Racine gravir les marches du succès, auréolé de sa jeunesse et de sa gloire.

En août 1674, son *Iphigénie* fit couler beaucoup de larmes et fut un triomphe. En décembre, ma pièce *Suréna* fut un échec que je supportais mal. La Champmeslé avait pourtant donné à mon Eurydice toute sa grandeur... mais le public ne comprit point que mon héroïne ne s'abandonne pas à sa passion.

Et comme un malheur n'arrive jamais seul, j'eus la douleur de perdre à la guerre mon fils François, âgé à peine de trente ans.

Pour mettre un comble à mon amertume, on me rapporta que le jeune duc du Maine avait reçu en cadeau de sa tante une « chambre sublime ». C'est une chambre en miniature avec le lit, les meubles et les personnages à l'échelle du logis. Dans un fauteuil, Mgr le duc du Maine qui a cinq ans et autour de lui les hommes et les femmes importants pour l'éducation du jeune homme. Il y a donc sa tante, Mme de Thianges, Mme de La Fayette, le prince de Marcillac, Bossuet, La Rochefoucauld, Boileau, Racine, La Fontaine... Je n'y figurai point.

Cet ignoble oubli me laboura les entrailles ! Ainsi, je n'existais plus pour la nouvelle génération de prince !

C'en était trop ! Puisqu'on m'ignorait, j'abandonnai. Je n'écrirai plus. *Suréna* serait ma dernière pièce.

Cependant, ma vie se résumant à écrire des vers, j'en écrivis encore pour certaines occasions.

En 1676, le roi fit représenter à Versailles quelques-unes de mes œuvres. Il me parut que je ressuscitai. J'écrivis aussitôt quelques vers pour le remercier :

Est-il vrai, grand Monarque, et puis-je me vanter,
Que tu prennes plaisir à me ressusciter ?
Qu'au bout de quarante ans, Cinna, Pompée, Horace,
Reviennent à la mode et retrouvent leur place... ?

Mes premières pièces étaient jouées, mais les autres, toutes les autres...

Je dus bien me rendre à l'évidence. Seules mes pièces de jeunesse demeuraient dans le souvenir du public... *Othon, Suréna, Sophonisbe, Attila, Pulchérie* tomberaient dans l'oubli.

J'avais l'abominable impression de n'avoir vécu qu'une moitié de vie, l'autre n'ayant rien produit de bon.

33

Racine
Phèdre

Racine est à présent reconnu à l'égal du grand Corneille.

Andromaque a été jouée en Pologne devant la reine avec faste et cette même pièce a été traduite en Angleterre pour le plaisir des gens de qualité.

Le roi continue à lui verser chaque année une pension de 1500 livres.

Il est comblé. Il a enfin la gloire, l'argent, les faveurs du roi et les plaisirs de l'amour.

Il a déjà fait publier en 1674 un volume contenant ses cinq premières pièces. Il s'apprête à publier un second volume avec *Bérénice, Mithridate* et *Iphigénie.* Il y apporte plusieurs modifications : supprimant certains vers inutiles, en peaufinant d'autres pour atteindre la perfection.

En parallèle, il travaille à une nouvelle pièce : *Phèdre et Hippolyte.*

Las, ce bonheur est troublé par la mort de sa fille.

Il a l'affreux sentiment que le ciel se venge injustement sur cette enfant innocente. Elle est enterrée secrètement à Saint-Roch : inutile de réveiller tous les démons qui ont entouré le décès de Marquise, sa mère.

Pour supporter la douleur de cette mort, Racine ne quitte plus sa table de travail. Il écrit de jour comme de nuit.

Phèdre et Hippolyte est donnée à l'Hôtel de Bourgogne le 1er janvier 1677 et obtient un honorable succès. Marie est magnifique !

Mais Pradon[1] s'apprête à faire jouer par l'Hôtel de Guénégaud sa *Phèdre et Hippolyte.* Racine enrage !

— Je vais immédiatement tacher de convaincre Mlle de Brie et Mlle Molière de refuser le rôle, en leur prouvant qu'elles se ridiculiseront en essayant de rivaliser avec la Champmeslé ! lui propose son ami Boileau.

Il y réussit. Les deux comédiennes n'acceptent point le rôle. Racine est soulagé.

Pourtant, le 6 janvier, les comédiens de Molière jouent *Phèdre et Hippolyte* de Pradon à l'Hôtel Guénégaud.

La cabale que Racine et Boileau ont montée produit l'effet contraire à celui désiré. Le public se rend en

1. Nicolas Pradon (1632-1698), dramaturge français, ami de Corneille.

masse écouter la pièce de Pradon afin de voir comment ce dernier va se tirer de cette mauvaise situation.

Aussitôt les critiques s'enflamment. On dit de la pièce de Racine qu'elle est dans le goût des anciens mais que celle de Pradon est plus dans le goût du public.

Le roi et la reine assistent à la représentation de la pièce de Pradon et l'apprécient grandement. Racine est au désespoir !

Le mois de mai lui rend son honneur. La pièce de Pradon après avoir été jouée vingt-cinq fois disparaît du répertoire de l'Hôtel de Guénégaud alors que sa *Phèdre* acquiert de jour en jour plus de notoriété.

Las, le succès entraîne toujours les jalousies !

Des sonnets salissant la pièce de Racine se mettent à circuler. Certaines personnes font un parallèle entre les personnages, les situations décrites dans *Phèdre* et des gens de qualité, princes et princesses. Le mot « inceste » est prononcé et chacun sait que ce crime peut conduire à la Bastille ! La querelle des sonnets s'envenime. Le scandale est énorme.

Racine en est cruellement meurtri.

Lorsqu'il rédige la préface de cette pièce, il insiste sur sa moralité.

« Les moindres fautes y sont sévèrement punies. La seule pensée du crime y est regardée avec autant d'horreur que le crime lui-même. Les faiblesses de l'amour y passent pour de vraies faiblesses. Les passions y sont présentées aux yeux que pour montrer tout le désordre dont elles sont cause. Et le vice y est peint partout avec des couleurs qui en font connaître et haïr la difformité. »

Racine a tout donné au théâtre. Il s'est éloigné de la religion. Il a largement profité de la vie dissolue des artistes, préférant les nuits sans lendemain avec des comédiennes ou quelques dames attirées par l'exotisme d'un poète. Marie Champmeslé le délaisse de plus en plus pour François-Joseph, comte de Tonnerre... et puis sa liaison avec elle devient un obstacle à son ambition sociale. Il a trente-sept ans. N'a-t-il point atteint les sommets de la gloire théâtrale ? Ne va-t-il point, à présent, décliner ? L'opéra ne va-t-il pas détrôner à jamais la tragédie ? Toutes ces questions le rongent.

Il est temps de se marier et de s'assurer un avenir honorable.

Il renonce donc à Marie, au théâtre, et se marie le 1er septembre 1677 avec Catherine de Romanet, âgée de vingt-cinq ans. Le Grand Condé, le duc d'Enghien, le duc de Chevreuse, M. Colbert et d'autres noms illustres lui font l'honneur de signer le contrat. Boileau est l'un de ses témoins.

Quelque temps plus tard, le roi le nomme avec Boileau son historiographe. Il leur attribue à tous deux une pension de deux mille écus. Puisqu'il a décidé de rentrer dans le droit chemin, il ne peut rêver mieux.

Racine a longtemps couru après la gloire. Il l'a acquise grâce au théâtre, mais un poète, même s'il a du génie, n'a pas un statut reconnu dans la société, il reste, à l'égal du comédien, un saltimbanque. Il n'hésite donc point trop à sacrifier le théâtre pour endosser la charge enviée et reconnue d'historiographe. Elle lui donnera une place de choix dans la société puisqu'elle lui permettra de côtoyer le roi... et au moment de sa mort, il ne sera pas enterré clandestinement comme Molière !

34

La Comédie-Française

Armande ne baisse pas les bras. Elle veut continuer à faire vivre le théâtre de Molière. Pourtant, Baron, La Thorillière et les Beauval quittent la troupe et sont engagés à l'Hôtel de Bourgogne. Baron ! Le fils spirituel de Molière ! Quelle traîtrise !

Pratiquement en même temps, Lully se fait attribuer le Palais-Royal, le théâtre où joue la troupe de Molière ! Cette salle appartient au roi. Le Florentin a plaidé sa cause en affirmant qu'il lui fallait un lieu pour y installer son Académie royale de musique... Il savoure sa vengeance !

Il faut dire que depuis l'énorme succès de son opéra *Cadmus et Hermione,* créé le 27 avril 1673, Louis XIV ne jure plus que par l'opéra et a accordé au directeur de l'Académie royale de musique des privilèges exceptionnels.

Les comédiens de Molière se retrouvent donc, du jour au lendemain, dans l'obligation de quitter ce théâtre où ils ont remporté tant de succès et qu'ils ont rénové à grands frais peu de temps auparavant !

Dissoudre la troupe ? Armande refuse avec autorité. La Grange l'épaule. Ils recrutent un comédien de talent au théâtre du Marais, Rosimond, et trouvent une salle disponible en face de la rue Guénégaud.

Pour une fois, la chance vient en aide à la troupe.

Une ordonnance royale du 23 juillet supprime le théâtre du Marais et prescrit la fusion de sa troupe avec les comédiens de la rue Guénégaud.

Les comédiens du Marais qui accumulent les échecs sont heureux de s'unir à la troupe de Molière.

Le théâtre Guénégaud joue *Tartuffe*, des pièces de Thomas Corneille et de Montfleury, mais il ne parvient pas à rivaliser avec l'Hôtel de Bourgogne qui regroupe les meilleurs comédiens du moment et surtout Baron dont tout Paris s'est entiché.

Les recettes baissent de jour en jour.

Des rivalités, des querelles éclatent entre les comédiennes...

Pourtant, vaille que vaille, la situation du théâtre s'améliore... La Grange continue à tenir son registre.

À la date du 17 juillet 1676, il écrit : *« Relâche à cause de l'exécution de la Brinvilliers à qui on tranche la tête en Grève pour avoir empoisonné son père, ses frères. »*

Inutile d'ouvrir le théâtre, les Parisiens préfèrent ce spectacle gratuit !

Le 29 mai 1676, il dessine un anneau bleu dans la marge de son registre et il note :

« *Guérin d'Estriché a épousé la veuve de Monsieur Molière.* »

Armande a trente-six ans. Son époux est un ancien comédien du Marais.

En 1679, La Grange réussit à convaincre le couple Champmeslé de venir jouer à l'Hôtel Guénégaud. C'est un exploit ! Lui n'a point de talent... mais son épouse possède une voix qui envoûte le public.

C'est une catastrophe pour l'Hôtel de Bourgogne.

À présent, les recettes de l'Hôtel Guénégaud dépassent largement celles de l'Hôtel de Bourgogne.

Louis XIV décide alors de mettre fin à la concurrence entre ces deux troupes et, pour le bien du théâtre, il ordonne le 8 août 1680 la jonction des deux troupes.

Le 24 octobre 1680, une lettre de cachet signée par le roi et Colbert indique la création d'une troupe unique, celle des Comédiens-Français.

La Comédie-Française vient de naître !

Si vous souhaitez approfondir vos connaissances, vous pouvez lire :

La Fontaine de Jean Orieux, éditions Flammarion.

Racine de André Le Gall, éditions Flammarion.

Corneille de André Le Gall, éditions Flammarion.

Molière de Georges Bordonove, éditions Pygmalion.

Louis XIV, artiste de Philippe Beaussant, éditions Payot.

Madame de Sévigné, lettres, éditions GF-Flammarion.

Marquise ou la « Déhanchée » de Racine de Alain Couprie, éditions l'Harmattan.

La Champmeslé de Alain Couprie, éditions Fayard.

QUELQUES AUTEURS
ET ARTISTES NOMMÉS DANS CE ROMAN

Antoine Furetière (1619-1688) écrit des vers comiques et satiriques. Il est un adversaire de la préciosité. Reçu à l'Académie en 1662. Il travaille sur le dictionnaire de l'Académie, mais agacé par la lenteur des académiciens, il entreprend l'écriture de son propre dictionnaire. Il déchaîne la colère des académiciens en publiant *Le Roman bourgeois* en 1666.

Charles Perrault (1628-1703). Contrôleur général de la surintendance des bâtiments du roi, il est le bras droit de Colbert. Il publiera ses premiers contes en 1693.

Nicolas Pradon (1632-1698), dramaturge. Auteur d'une dizaine de pièces complètement oubliées de nos jours. Il est ami de Corneille et déteste Racine et Boileau qui le lui rendent bien.

Jean Donneau de Visé (1638-1710). Débute en 1661 par des nouvelles et des critiques de Corneille et Molière. C'est un fervent défenseur de Corneille. Il fonde en 1672 *Le Mercure galant,* périodique consacré aux nouvelles du théâtre, des arts, de l'édition, des potins de salon.

Claude-Emmanuel Lhuillier dit Chapelle (1626-1686), poète. Il est apprécié des grands seigneurs car c'est un joyeux compagnon. Il écrit des poèmes courts, des ballades pour Ninon de Lenclos et un récit de voyage.

Philippe Quinault (1635-1688), poète et auteur dramatique. A écrit *Agrippa ou le faux Tiberinus* en 1660 et *Astrate* en 1663 : de grands succès ! Il écrit les livrets de 11 opéras composés par Lully.

Claude Boyer (1618-1698), homme d'église, auteur dramatique. Élu à l'Académie en 1662. Il écrit une trentaine de tragédies. C'est un sérieux rival pour Racine !

Paul Scarron (1610-1660). Il écrit 5 comédies burlesques et 4 autres comédies. Il est l'auteur du *Roman comique* dans le style satirique. Il épousera Françoise d'Aubigné qui, plus tard deviendra Mme de Maintenon.

Adrien Thomas Perdou de Subligny (1636-1696), écrivain et dramaturge. Il a écrit quelques comédies dont *La Folle querelle ou la critique d'Andromaque.*

Jean Chapelain (1595-1674), poète et critique littéraire français. Auteur d'un grand poème épique « La Pucelle » qu'il ne termina jamais car les douze premiers chants avaient été très mal accueillis par la critique. Cependant, il est très apprécié par Louis XIV qui le charge d'établir la liste des auteurs méritants pour leur attribuer une pension.

Jean de La Fontaine (1621-1695), auteur de contes grivois et de fables.

Nicolas Boileau (1636-1711), poète, écrivain et critique français. Auteur de satires et d'épîtres.

Jean Racine (1639-1699), auteur de 11 tragédies et de 1 comédie.

Pierre Corneille (1606-1684), auteur de 33 pièces, surtout des tragédies.

Thomas Corneille (1625-1709), auteur dramatique de plus de 40 pièces !

Molière (Jean-Baptiste Poquelin) (1622-1673), auteur de 33 pièces (farces, comédies).

Marie de Rabutin-Chantal, marquise de Sévigné (1626-1696), épistolière. Nombreuses lettres à sa fille Françoise, comtesse de Grignan (la plus belle demoiselle de France) et à différentes personnes.

Madeleine de Scudéry (1607-1701), femme de lettres française (sœur de Georges). Elle ouvre en 1652 son salon littéraire. C'est une « précieuse ». Elle écrit (avec son frère) *Le Grand Cyrus* en 10 volumes (1649-1653), *Clélie* en 10 volumes (1654-1660) contenant la célèbre carte du tendre, et de nombreuses *Conversations.* C'est un écrivain connu et reconnu au XVIIe siècle.

Georges de Scudéry (1601-1667), romancier et dramaturge. Auteur de plus de 17 pièces de théâtre.

Isaac Benserade (1612-1691), écrivain et dramaturge. Adulé par les milieux mondains de son époque. Protégé de Richelieu, Mazarin, Louis XIV. Il écrira des poèmes que le roi signera pour Mlle de Lavallière. C'est un écrivain précieux et un rival de Molière car il écrit, lui aussi, des comédies-ballets avec Lully.

Marie-Madeleine Pioche de la Vergne, comtesse de La Fayette (1634-1693), femme de lettres française. Amie de Mme de Sévigné. Auteur de *La Princesse de Montpensier* et surtout de *La Princesse de Clèves* en 1678.

François VI, duc de La Rochefoucault (1613-1680), écrivain moraliste. Ami de Mme de La Fayette et de Mme de Sévigné. A publié en 1665 *Réflexions ou sentences et maximes morales.*

Gilles Ménage (1613-1692), grammairien et écrivain français. Publie en 1650 un *Traité des origines de la langue française* qui est le premier grand dictionnaire étymologique du français.

Vincent Voiture (1597-1648), poète. Écrit surtout des poésies, des madrigaux. Toujours célèbre longtemps après sa mort. On récitait ses poèmes dans les salons. Boileau et Mme de Sévigné l'appréciaient beaucoup.

Charles Cotin, dit l'abbé Cotin (1604-1682), homme d'église et poète français. Il est prédicateur et aumônier du roi. Il a traduit *Le cantique des cantiques.* Il écrit des œuvres galantes en prose et en vers. Il est élu à l'Académie Française en 1655.

Jean-Baptiste Lully (1632-1687), né Giovanni Battista Lulli. Il est naturalisé français en 1661 et francise son nom en changeant le i en y. Il est d'abord au service de la Grande Mademoiselle et crée *La compagnie des violons de Mademoiselle.* Après la Fronde, Louis XIV l'engage dans *La Grande Bande des violons du roi.* À partir de 1664, il écrit les musiques des comédies-ballets de Molière. À partir de 1672, il se consacre à l'opéra. Parfait courtisan et très apprécié par Louis XIV, il éclipse les compositeurs dramatiques de son époque : Charpentier, Campra, Clérambault.

Pierre Mignard (1612-1695), peintre. Il est l'ami des beaux esprits de son temps et le peintre des grands personnages de la cour. Il a peint Molière et dix fois Louis XIV.

Quelques comédiens célèbres

Charles Varlet, dit La Grange (1635-1692), grand comédien de la troupe de Molière probablement dès 1658. Il occupe l'emploi de caissier, d'archiviste. Il tient dès 1659 un registre où il note les recettes, les dépenses et les événements liés à la troupe. Il se marie en 1672 à Marie Ragueneau, une piètre comédienne qui deviendra Mlle La Grange.

Michel Boyron, dit Michel Baron (1653-1729). Il débute à 12 ans dans la troupe des petits comédiens du dauphin âgé de 4 ans, puis il parcourt la province avant de revenir à Paris et d'être engagé par Molière. Il épouse en 1675 Charlotte Lenoir de la Thorillière. Elle devient Mlle Baron (1625-1662). Plusieurs de leurs enfants et de leurs petits-enfants devinrent comédiens.

Jean Pitel, dit Beauval (1635-1709). Comédien de province, il joue d'abord à l'Hôtel du Marais et entre dans la troupe de Molière en 1670. Il fera partie des premiers sociétaires de la Comédie-Française.

Claude de la Rose, dit Rosimond (1640-1686), acteur et auteur dramatique. (Il publie 2 pièces.) Il joue d'abord au théâtre du Marais, puis en 1673, il entre à l'Hôtel Guénégaud où il reprend les rôles de Molière. Il meurt dans les mêmes circonstances que lui en sortant de scène.

François Le Noir sieur de la Thorillière (1626-1680). Il fait partie de la troupe du Marais de 1659 à 1661, puis il est engagé par Molière. En 1671, il tient le rôle du père de Psyché dans *Psyché.*

Catherine Leclerc du Rosé, dite Mlle de Brie (1630-1706), épouse d'Edme Villequin. Elle appartient à la troupe de Molière dès 1650. Elle entre à la Comédie-Française en 1680.

Edme Villequin, dit De Brie parce qu'il était né à Ferrières-en-Brie (1607-1676). Il appartient aussi à la troupe de Molière dès 1650. Il est un piètre acteur, mais son épouse est excellente et la tradition veut que l'on ne sépare pas les couples.

Julien Bedeau, dit Jodelet (1591-1660). Il était grand, maigre et laid. Il n'avait qu'à paraître sur scène pour déclencher les rires. Il est le spécialiste des rôles de valet. Scarron écrivit spécialement une pièce pour lui *Jodelet ou le maître valet* en 1645 et Thomas Corneille *Jodelet prince* en 1655. Molière le fit entrer dans sa troupe en 1659 mais Jodelet mourut un an plus tard.

ANNE-MARIE DESPLAT-DUC

L'auteur est née à Privas, en Ardèche. Le Vivarais reste cher à son cœur et elle y revient souvent avec son mari et sa fille.

Après le virus de la lecture qui la frappe très jeune, celui de l'écriture la saisit à l'adolescence et elle noircit des cahiers de poésie et de nouvelles. Elle consacre désormais tout son temps à sa passion : les romans pour la jeunesse. Vous pouvez tous les découvrir sur son site Internet :

http://a.desplatduc.free.fr

Du même auteur chez Flammarion :

Le trésor de Mazan
Félix Têtedeveau
Une formule magicatastrophique
Un héros pas comme les autres
Ton amie pour la vie
L'Enfance du Soleil

Les Héros du 18 :

Un mystérieux incendiaire (T. 1)
Prisonniers des flammes (T. 2)
Déluge sur la ville (T. 3)
Les chiens en mission (T. 4)
Urgences en série (T. 5)

Les Colombes du Roi-Soleil :

Les comédiennes de monsieur Racine (T. 1)
Le secret de Louise (T. 2)
Charlotte la rebelle (T. 3)
La promesse d'Hortense (T. 4)
Le rêve d'Isabeau (T. 5)
Éléonore et l'alchimiste (T. 6)
Un corsaire nommé Henriette (T. 7)
Gertrude et le Nouveau Monde (T. 8)
Olympe comédienne (T. 9)
Adélaïde et le prince noir (T. 10)
Jeanne, parfumeur du roi (T. 11)
Victoire et la princesse de Savoie (T. 12)

Marie-Anne, fille du roi :

Premier bal à Versailles (T. 1)
Un traître à Versailles (T. 2)
Le secret de la lavandière (T. 3)
Une mystérieuse reine de Pologne (T. 4)
La malédiction du diamant bleu (T.5)

Marcelino Truong

L'illustrateur de la couverture est né en 1957 à Manille (Philippines), d'un père vietnamien et d'une mère française. Il passe son enfance au Viêt Nam, aux États-Unis et en Angleterre. Après Sciences Po et l'agrégation d'anglais, à vingt-cinq ans, il choisit la vie d'artiste. Il a appris le métier d'illustrateur sur le tas en multipliant les collaborations dans la presse, l'édition et la publicité. Marcelino Truong a illustré de nombreux livres pour la jeunesse ainsi que des romans vietnamiens et des bandes dessinées, et se consacre également à la peinture.

TABLE DES MATIÈRES

Dépôt légal : août 2012
N° d'édition : L.01EJEN000924.C005
Loi n° 49-956 du 16 juillet 1949
sur les publications destinées à la jeunesse
Imprimé en Espagne par Novoprint (Barcelone)